Dorothee Braun/Judith Schmischke
Mit Störungen umgehen

Lehrer-Bücherei: Grundschule

Herausgegeben von
Reinhold Christiani und Klaus Metzger

Reinhold Christiani, Diplom-Pädagoge, war Leitender Ministerialrat im Ministerium für Schule, Jugend und Kinder des Landes Nordrhein-Westfalen.
Dr. Klaus Metzger ist Regierungsschulrat, Seminarbeauftragter und zuständig für die zweite Phase der Lehrerausbildung für Grund- und Hauptschulen im Regierungsbezirk Schwaben/Bayern.

Die Autorinnen: Dorothee Braun und Judith Schmischke sind Lehrerinnen an Förderschulen und Fachleiterinnen am Studienseminar für das Lehramt der Sonderpädagogik in Köln.

Dorothee Braun/Judith Schmischke

Mit Störungen umgehen

·

Verhalten verstehen und beeinflussen

·

Übungen und Materialien

 http://www.cornelsen.de

Bibliografische Information: Die Deutsche Bibliothek verzeichnet diese Publikation in der Deutschen Nationalbibliografie; detaillierte bibliografische Daten sind im Internet über http://dnb.ddb.de abrufbar.

Dieser Band folgt den Regeln der deutschen Rechtschreibung, die von August 2006 an gelten.

5. 4. 3. 2. 1.   Die letzten Ziffern bezeichnen
10 09 08 07 06   Zahl und Jahr der Auflage.

© 2006 Cornelsen Verlag Scriptor GmbH & Co. KG, Berlin
Redaktion: Daniela Brunner, Düsseldorf
Herstellung: Brigitte Bredow, Berlin
Umschlagfoto: Dirk Krüll/Panama, Düsseldorf
Illustrationen: Dorina Tessmann, Berlin
Layout und Satz: Beate Schubert, Berlin
Druck und Bindearbeiten: Clausen und Bosse, Leck
Printed in Germany
ISBN-13: 978-3-589-05109-0
ISBN-10:   3-589-05104-4

 Gedruckt auf säurefreiem Papier,
umweltschonend hergestellt aus chlorfrei gebleichten Faserstoffen.

Inhalt

Einleitung

Eine „ganz normale Unterrichtsstunde" sieht manchmal so aus, dass Kinder sich wegen scheinbarer Kleinigkeiten streiten oder sich von dem Lärm der anderen gestört fühlen,

- dass Kinder sich ins Wort fallen und den Erklärungen der Lehrperson schon mal gar nicht zuhören,
- dass Kinder den Erklärungen zwar zuhören, dass es nachher aber trotzdem nicht Hände genug gibt, jedem Kind noch einmal einzeln zu helfen,
- dass Kinder mit allem Möglichen beschäftig sind, sich aber nicht auf ihre Aufgaben konzentrieren,
- dass der Lernstoff zweitrangig zu sein scheint und der spannende Film von gestern in aller Munde ist,
- dass aus einer harmlosen Rempelei eine ernste Schlägerei entsteht,
- dass trotz des Bemühens aller Beteiligten am Ende alle frustriert oder erschöpft sind …

Eine ganz „normale Pause" sieht manchmal so aus,

- dass Kinder toben und raufen und nicht mitbekommen, wann daraus ein ernsthafter Streit entsteht,
- dass ein Kind einem anderen einen Ball wegnimmt und gar nicht versteht, warum das andere Kind weint,
- dass manche Kinder Angst vor der Pause haben und nicht wissen, wie sie die Zeit überstehen sollen,
- dass keine Erholung stattfindet, sondern im anschließenden Unterricht viele Konflikte aus der Pause geklärt werden müssen.

Das Phänomen Störungen gab es zu allen Zeiten. So formulierte schon SOKRATES: „Die Jugend liebt heute den Luxus, sie hat schlechte Manieren, verachtet die Autorität, hat keinen Respekt vor älteren Leuten und plaudert, wo sie arbeiten sollte. Sie verschlingt die Speisen, legt die Beine übereinander und tyrannisiert die Eltern."

Allerdings sieht es heute so aus, dass die damit verbundenen Schwierigkeiten und Belastungen im Vergleich zu früheren Jahren stark zugenommen haben *augenscheinlich zugenommen* haben. Denn vielleicht liegt es ja auch an unserer spezifischen Wahrnehmung, in die vermutlich ganz andere Vorstellungen von Kindheit einfließen, als es der Lebenswirklichkeit der Kinder von heute tatsächlich entspricht. Unbestritten ist: Störungen und Konflikte beschäftigen Lehrerinnen und Lehrer stark, und sie belasten alle Beteiligten – also auch die Schülerinnen und Schüler – und das in allen

Schulformen. Befragt man Kolleginnen und Kollegen, wie es ihnen im Schulalltag ergeht, so stehen Äußerungen über Lärmbelästigungen, über Disziplinprobleme, über Störungen der Aufmerksamkeit und Konzentration etc. an erster Stelle. Hinzu kommt: Die Unterstützung und die Mitarbeit der Eltern lässt sich nicht mehr selbstverständlich voraussetzen. Stattdessen entsteht vielerorts der Eindruck, dass sie ihre Verantwortung ersatzlos an die Schulen abgegeben haben.

Die Skizzierung dieser Problemfelder deutet an, dass vielseitige Handlungsmöglichkeiten in Schule und Unterricht gefordert sind. Darum geht es in diesem Buch.

Ein Buch kann Fragen zwar nicht allgemeingültig beantworten und Lösungen schematisch liefern; es kann auch keine schnell anzuwendenden Rezepte und Kniffe vermitteln. Aber es kann dazu beitragen, mit den oben genannten Schwierigkeiten professionell umzugehen und gleichzeitig eine Weiterentwicklung innerer Haltungen und Einstellungen anzuregen:

> Fragen dürfen gestellt werden und begründete Antworten erbeten werden, aber die eigentliche Aufgabe ist es, sowohl die Fragen als auch die Antworten als Fragehaltung und Entwicklungsauftrag zu leben. Das ist Wissen und Kunst.

Was wir mit diesem Buch erreichen möchten:
- Perspektiven des Verstehens durch Informationen über Hintergründe und Erklärungsmöglichkeiten entwickeln,
- dabei Anregungen für eine veränderte Sichtweise sowohl auf persönlicher als auch schulischer Ebene geben,
- konkrete Handlungsmöglichkeiten anbieten, um mit Störungen auf den verschiedenen Ebenen – Lerngruppenebene, individueller Ebene, Schulebene – professionell umgehen zu können, was auch den Aspekt der persönlichen Entlastung einschließt,
- Impulse für die Schulentwicklung geben,
- Möglichkeiten einer systematischen Förderplanung aufzeigen.

1 Störungen: Erste Annäherungen

Störungen manifestieren sich auf verschiedene Weise und haben unterschiedliche Anteile in einem komplexen Gesamtgefüge. Störungen können Sinn machen und fordern auf, etwas zu verändern.

Was ist eine Störung?

Eine Störung ist alles das, was jemanden stört. Weil dies für jeden etwas anderes sein kann, gibt es zunächst einmal keine allgemeingültige Definition. Kappen tragen im Unterricht kann mich als Lehrperson stören oder auch nicht. So gesehen liegt im ersten Fall eine Störung vor, im zweiten Fall nicht. Trotz aller Subjektivität gibt es jedoch eine definitorische Annäherung: Störungen im schulischen Zusammenhang sind alle Angelegenheiten, die den Prozess des Lehrens und Lernens erschweren oder verhindern. Lernen meint dabei nicht nur den Erwerb von Wissen und Fertigkeiten, sondern auch die personale und soziale Entwicklung.

Wer ist beteiligt?

In Kürze gesagt: an den Störungen jeglicher Art sind alle Personen aus dem jeweiligen Kontext und alles aus den jeweiligen strukturellen und situativen Umständen beteiligt. Wie bei einem Mobile, an dem die einzelnen Teile durch ihr Gewicht, durch die Länge der Fäden und die Art der Aufhängung nicht nur miteinander verbunden, sondern auch voneinander abhängig sind, sieht eine systemische Sichtweise Störungen nicht isoliert in Einzelpersonen begründet, sondern erkennt wechselseitige Bedingungsfaktoren in sozialen Systemen als konstituierend an. So ist es sehr wirksam, außer den Kindern, die ein störendes Verhalten zeigen, auch die anderen Gruppenmitglieder in den Blick zu nehmen oder die Gruppenleitung – in der Regel ist das die Klassenleitung – oder die unterrichtlichen und schulischen Rahmenbedingungen, aber auch die Erziehungsgepflogenheiten des Elternhauses sowie die gesellschaftlichen Bedingungen.

Der folgende systemische Grundgedanke fasst dies zusammen: „Das Verhalten einer Person ist Ergebnis und Ausdruck situativer Bedingungen, Strukturen, Prozesse und Spielregeln, und es ist nicht in seiner Person begründet" (PALMOWSKI 1996, S. 198). Das heißt natürlich nicht, dass ein Kind wie ein unbeschriebenes Blatt in eine Klasse kommt, sondern es bringt Erfahrungen, Vorerwartungen und Verhaltensmuster aus anderen Systemen mit (Familie, Peer-Group, Kulturgemeinschaften etc.). Das wiederum kann zu verschiedenen Schwierigkeiten führen: indem z.B. Spielregeln irrtümlich als bekannt und verstanden vorausgesetzt werden oder indem es unterschiedliche Interpretationen über regelkonformes Verhalten gibt oder indem Widersprüche zwischen den einzelnen Systemen aufgrund unterschiedlicher Wert- und Normvorstellungen bestehen.

Ein Lösungsansatz für diese Schwierigkeiten liegt in der vorab postulierten mehrperspektivischen, systemischen Sichtweise – verbunden mit größtmöglicher Transparenz und bestmöglicher Kommunikation der Lehrerinnen und Lehrer. So bleibt festzuhalten:

Die systemische Betrachtungsweise ist nicht eindimensional. Sie nimmt bei Störungen alle beteiligten Personen sowie strukturelle und situative Gegebenheiten in den Blick und eröffnet damit Lösungsmöglichkeiten: Manchmal liegt der Ansatzpunkt beim einzelnen Kind, manchmal im Gefüge der Lerngruppe, dann wiederum in der Unterrichtsgestaltung oder der Gestaltung der Lernumgebung. Stets mitzubedenken sind Aspekte bei Lehrerinnen und Lehrern wie das subjektive Wahrnehmen und Bewerten von Störungen, das Vorhandensein oder Nichtvorhandensein von Transparenz (z.B. über Verhaltenserwartungen und Spielregeln), die Möglichkeiten der Kommunikation und nicht zuletzt die persönliche Beziehung zu den Kindern.

Welchen Sinn haben Störungen?

Dass Störungen einen Sinn haben, ist angesichts des Leidensdrucks, den die Beteiligten empfinden, eine schwierige Aussage. Dennoch lohnt es sich, darüber nachzudenken. Störungen können eine Bedürftigkeit oder eine Not ausdrücken oder deuten auf einen Widerstand gegen die in dem jeweiligen System implizierten Spielregeln und Verhaltenserwartungen hin.
Inwieweit wir als Lehrpersonen eigene Anteile an den Störungen haben oder lediglich als Projektionsflächen dienen oder das „auszuhalten haben", was wir persönlich nicht zu verantworten haben, ist dabei eine lohnende Frage, denn sie weist uns die Richtung möglicher Veränderungen.

> **Störungen haben einen Sinn**
> *Für diejenigen, die stören:*
> - um sich vor Über- oder Unterforderung zu schützen,
> - um etwas nicht machen zu müssen, was nicht gekonnt oder gewollt wird,
> - um Zeit zu gewinnen, sich auf eine Situation einzustellen,
> - um Verunsicherung, Angst, Not oder Unwillen zu signalisieren,
> - um eine Situation oder Beziehung anders zu deuten als es die übrigen Mitglieder des Systems tun,
> - um eine Grenze zu erfahren: „Mit wem habe ich es hier zu tun?"
>
> *Für die Lehrerin oder den Lehrer:*
> - um Informationen („Botschaften") über die einzelnen Schülerinnen und Schüler oder über die Lerngruppe zu erfahren,
> - um über die eigene Rolle nachzudenken,
> - um die eigene Professionalität zu überprüfen,
> - um die eigenen Handlungsmöglichkeiten zu überdenken,
> - um sich selbst im System Schule in Frage zu stellen und möglichst Bündnispartner für Veränderungen zu suchen.

(Unterrichts-)Störungen können dann sinnvoll sein,
- wenn der Unterricht nicht angemessen gestaltet ist: z. B. wenn die Kinder zu lange still sitzen und zuhören müssen, anstatt selbst aktiv zu sein, wenn die Anforderungen zu gering oder zu hoch sind, wenn der Unterricht schlecht organisiert ist, sodass unnötige Wartezeiten entstehen,
- wenn das Verhalten der Lehrperson inadäquat ist: z. B. wenn sie nicht eindeutig kommuniziert, sondern ironische oder sarkastische Äußerungen macht oder wenn verbale Äußerungen nicht zu nonverbalen Äußerungen passen; wenn sie Grenzen nicht rechtzeitig und klar setzt oder aber zu streng ist; wenn sie Kinder abwertet, anstatt sie zu ermutigen,
- wenn es Schwierigkeiten in der Lebensgeschichte und Lebensumwelt gibt: z. B. psychischer Druck, unzureichende Geborgenheit, Gewalt, Armut,
- wenn grundlegende Bedürfnisse nicht befriedigt sind: z. B. nach Nahrung, nach ungestörtem Schlaf, nach Anerkennung, nach Geborgenheit und Zuverlässigkeit, nach Grenzen,
- wenn es unerkannte gesundheitliche Probleme gibt, deren Kompensationsversuche das Kind sehr anstrengen können: z. B. Fehlsichtigkeiten, rheumatische Erkrankungen.

Störungen können auch dazu dienen, um die Beziehungsfrage zwischen Lehrpersonen und Schülerinnen bzw. Schülern zu klären. Vielleicht möchte ein Kind mehr Aufmerksamkeit oder es fühlt sich nicht genügend anerkannt oder projiziert negative Erfahrungen aus seinem bisherigen Werdegang auf die Situation in der Schule. Eng damit verbunden ist die Frage nach Macht, Stärke, Grenzsetzung – gerade bei Schülerinnen und Schülern, die aus Elternhäusern mit einem gewaltbelasteten Erziehungsstil kommen.

Was können wir tun?

Störungen fordern zum Handeln auf, mehr noch: Sie fordern dazu auf, etwas zu verändern. Im Idealfall geschehen diese Veränderungen aktiv, reflektiert und mit Blick auf konstruktive Lösungen. Das Festhalten an bestehenden Mustern, das bloße Ertragen oder Beklagen hilft nicht weiter, auch wenn Letzteres kurzfristig Entlastung verschafft.

Ein wichtiger Weg, um Dinge zu betrachten und nach Veränderungen zu suchen, ist das bewusste (innere) Hinausgehen aus der Situation, denn wir sind ein Teil des Gefüges und damit unmittelbar involviert. Dies dürfen wir uns zugestehen, um die damit verbundenen Gefühle ernst zu nehmen. Umso wichtiger ist es, vielfältige Gelegenheiten zur sachlichen Distanzierung zu nutzen. Solche Gelegenheiten können sein: Gespräche mit anderen Kolleginnen und Kollegen (auch wenn diese Gespräche informell im Lehrerzimmer stattfinden, sollte immer ein konkretes Ergebnis angestrebt werden), kollegiale Fallberatung, Supervision, Hinzuziehen von Beratungsdiensten, Abstand durch verschiedene Formen der Psychohygiene, um neue Kraft zu schöpfen.

Wir können
- uns informieren und sachkundig machen,
- unsere Erwartungen und Normvorstellungen überprüfen und gegebenenfalls verändern,
- neue Sichtweisen entwickeln,
- die vorhandenen Stärken des Kindes wahrnehmen,
- pädagogische Interventionen möglichst im Dialog mit dem Kind und seinen Eltern entwickeln,
- eigene Grenzen erkennen und akzeptieren sowie Möglichkeiten der Hilfe in Anspruch nehmen,
- gemeinsam im Rahmen der Schulentwicklung nach Lösungsansätzen suchen.

2 Den Standort bedenken

Fragen wie „Wo stehe ich?", „Wo stehen wir?", helfen, Ziele zu bestimmen: „Wo will ich hin?", „Wo wollen wir hin?" und nach sinnvollen Handlungsmöglichkeiten und Lösungen zu suchen: „Was kann ich tun?", „Was können wir tun?" Dabei stellt sich auch die Frage nach den eigenen fachlichen und personalen Kompetenzen im Umgang mit Kindern. Fachliche Kompetenzen sind im Sinne eines Handwerkzeugs erlernbar und bedürfen einer steten Anpassung an aktuelle Erkenntnisse; personale Kompetenzen sind zu entwickeln und bedürfen einer Überprüfung der inneren Haltung und Einstellung. Beide Kompetenzen gehören zu einem professionellen Selbstverständnis dazu, wobei es auch darum geht, Möglichkeiten und Grenzen anzuerkennen, denn: In menschlichen Beziehungen und Interaktionen ist vieles möglich, aber nicht alles ist machbar.

2.1 Der persönliche Standort

In Kapitel 1 haben wir von der Subjektivität von Störungen gesprochen: „Eine Störung ist das, was mich stört." Manchmal bin ich mir allerdings gar nicht bewusst, was mich genau stört. Manchmal stört so viel, dass ich gar nicht weiß, wo ich mit den Veränderungen beginnen soll. Manchmal sehe ich keine Veränderungschance. Und manchmal frage ich mich, ob es berechtigt ist, mich von diesem und jenem gestört zu fühlen. Aus allem kann Unbehagen oder Leidensdruck entstehen.

Schließen Sie für eine Minute die Augen und denken Sie an Ihre Lerngruppe. Denken Sie an das, was die Kinder lernen sollen und daran, wie das geschieht. Lassen Sie den Gedanken freien Lauf. Schreiben Sie alles ungeordnet auf, was Sie stört. Kreisen Sie anschließend mit verschiedenen Farben ein: *In Rot:* Der Leidensdruck ist so groß, dass ich das ändern müsste. *In Gelb:* Ich müsste es verändern, aber nicht sofort. *In Grün:* Ich lerne, damit zu leben. *Anregung:* Machen Sie die Übung auch im Team oder Kollegium.

Das eigene Wertesystem bedenken

Welche Werte wir an einen ungestörten Schultag anlegen, ist sehr unterschiedlich. Zum einen verändern sich Werte und Normen im Laufe der Zeit, zum anderen gibt es sehr subjektive Vorstellungen beispielsweise von Ruhe und Aufmerksamkeit, von Respekt und Ordnung. Was für die eine Lehrperson bereits eine Regelüberschreitung ist, definiert und bewertet eine andere evtl. ganz anders. An diesen subjektiven Interpretationen lässt sich zunächst einmal nichts ändern – es sei denn, man operationalisiert das erwartete Schülerverhalten möglichst genau: „Die Kinder sollen ihre Arbeitsmaterialien in Ordnung halten." Aber auch dann bleibt immer ein Interpretationsspielraum: „Was ist Ordnung? Ab wann gilt etwas noch als ordentlich, ab wann nicht mehr?" – Doch wir sollten uns unseres eigenen Wertesystems und der impliziten subjektiven Theorien zumindest bewusst sein, anstatt uns von unreflektierten Erwartungen und von Alltagstheorien leiten zu lassen. Dies hat mehrere Vorteile:

- Ich erkenne mein Wertesystem als subjektiv legitim an, weiß aber, dass die Wertesysteme anderer auch legitim sind **(Intersubjektivität)**.
- Ich bin mir meines Wertesystems bewusst und kann es daher anderen Menschen deutlich machen **(Transparenz)**.
- Ich bin zu einem Austausch mit anderen über Sichtweisen und Werte bereit **(Kommunikation und Diskurs)**.
- Ich werde offen für neue Sichtweisen und notwendige Veränderungen: „Was vor einigen Jahren noch richtig war, muss es heute nicht mehr sein" **(Entwicklung)**.

Die eigenen Kommunikationsstrukturen hinterfragen

Sicher kennen Sie Äußerungen wie diese: „Ätzend … schon wieder diese langweiligen Aufgaben …" oder „Sie können mich echt mal …". Mitunter sind solche verbalen Kraftakte noch unverblümter, vielleicht auch subtiler: „Hey, heute aber uncool …", und das an einem Tag, wo Sie sich tatsächlich nicht besonders souverän fühlen.

Dies sind Grenzüberschreitungen, von denen jedes Kind selbstverständlich lernen muss, dass sie unakzeptabel sind. Aber handelt es sich tatsächlich um verbale Angriffe zu dem Zweck, Sie persönlich zu treffen? Oder gibt es weitere Deutungsmöglichkeiten? Schulz von Thun (2000) hat ein Modell zwischenmenschlicher Kommunikation entwickelt, mit dessen Hilfe menschliche Mitteilungen auf mehreren Ebenen gedeutet werden können. Die Grundaussagen dieses Modells sollen hier kurz skizziert werden:

Eine Nachricht hat eine bestimmte Anatomie: Wenn ein Sender etwas mitteilen möchte, verschlüsselt er diese Mitteilung in wahrnehmbare Zeichen: in seine Nachricht. Der Empfänger versucht nun, diese Nachricht zu entschlüsseln. Im günstigen Fall stimmen gesendete und empfangene Nachrichten einigermaßen überein. Oder der Empfänger meldet dem Sender zurück, wie die Nachricht bei ihm angekommen ist und was sie bei ihm ausgelöst, vielleicht sogar angerichtet hat. Mit Hilfe dieser Rückmeldung (Feedback) kann der Sender wiederum halbwegs überprüfen, ob seine Sendeabsicht mit dem Empfangsresultat übereinstimmt. Tauschen sich Sender und Empfänger über Missverständnisse oder Störungen im Kommunikationsprozess aus, nennt man dies Metakommunikation.

Eine Nachricht hat vier Seiten: Was sich so einfach liest, ist in Wirklichkeit ein komplexes und störanfälliges Geschehen. Ein Grund für die Kompliziertheit des Kommunikationsprozesses ist die Tatsache, dass der Sender in einer Nachricht gleichzeitig viele verschiedene Botschaften verschlüsseln kann bzw. dass der Empfänger verschiedene Botschaften heraushören kann. SCHULZ VON THUN ordnet die Vielfalt der gesendeten Botschaften in vier Seiten, aus denen sich ein Nachrichtenquadrat ergibt (vgl. 2000, S. 26 ff.):

„Sachinhalt	oder worüber ich informiere,
Selbstoffenbarung	oder was ich von mir mitteile bzw. preisgebe,
Beziehungsaspekt	oder was ich von dir halte und wie wir zueinander stehen,
Appell	oder wozu ich dich veranlassen will."

Julie faltet ihr Aufgabenblatt zusammen, verlässt den Gruppentisch und kehrt an ihren Platz zurück. Dabei ruft sie: „Ach, ist das wieder langweilig. Ich mach jetzt gar nichts mehr."

In einer emotional angespannten Situation – und davon ist in Konflikt- oder Frustrationssituationen auszugehen – wird es kaum zu einer Metakommunikation kommen, sondern höchstens zu einem Feedback des „Empfängers": „Julie, was meinst du mit Langeweile? Gestern hast du dir diese Aufgaben noch gewünscht. Außerdem bin ich über deine Aussagen verärgert, weil ich mir viel Arbeit mit den Vorbereitungen gemacht habe." Es ist jedoch zu bezweifeln, dass der „Sender" in diesem Augenblick im Bewusstsein seiner tatsächlichen Redeabsicht ist und diese durch Metakommunikation erläutern kann oder will. Etwa so: „Nee, so war das nicht gemeint, ich wollte Sie nicht ärgern. Ich habe heute einfach einen schlechten Tag …" Viel wahrscheinlicher ist es, dass der „Sender" noch eins draufsetzt: „Ach Mensch, lassen Sie mich doch in Ruhe …"

Um Sprechende zu verstehen, ist es hilfreich, Hypothesen über mögliche Redeabsichten zu haben und wiederum mit „verschiedenen Ohren" zu hören. Dies setzt natürlich voraus, dass der Empfänger aufgrund seiner eigenen Verfassung selbst nicht in eine Kommunikations- oder Beziehungsfalle gerät.

Der vierohrige Empfänger (SCHULZ VON THUN 2000 [36], S. 45)

Am konkreten Beispiel heißt das: „Was ist mit Julie? Warum äußert sie Langeweile? Ist sie mit diesen Aufgaben vielleicht überfordert? Ist sie frustriert, weil Tanja nicht in ihrer Gruppe arbeiten wollte? Kann es sein, dass es gestern Abend wieder Stress zu Hause gab? Wie kann ich ihr helfen?" Diese Fragen führen weg von der Beziehungsaussage („Wen glaubt sie, vor sich zu haben …?") hin zur Selbstoffenbarung („Was ist mit ihr …?") und zum Appell („Was soll ich aufgrund ihrer Mitteilung tun, wie kann ich ihr helfen …?").

Das Kind mit einer „anderen Brille" betrachten

Mit dem Vorstellungsbild von einer „anderen Brille" können Sie versuchen, die eigene Sichtweise zu ändern oder um weitere Perspektiven zu erweitern. Setzen Sie die Defizitbrille ab und stattdessen die Fähigkeitsbrille auf. Fähigkeitsorientierung ist nicht nur bei fachbezogenen Fertigkeiten und Fähigkeiten Ihrer Schülerinnen und Schüler ein sinnvolles Prinzip, sondern auch bei der Einschätzung und Bewertung sozial-emotionaler Verhaltensweisen. Nehmen Sie vorhandene positive Ansätze zur Kenntnis anstatt ausschließlich das negative Verhalten wahrzunehmen. Diese neue Einstellung schafft Entlastung und verschiebt Gewichtungen, die sich sonst zu sehr zur Negativseite hinneigen.

> Wie es scheint, ruft Sarah ihre Gedanken, ihre Antworten, ihre Meinung ständig ungefragt in den Unterricht. Dies geschieht trotz Ermahnungen, trotz Gesprächsregeln, trotz individueller Absprachen, trotz Sanktionen. Die Unterrichtsgestaltung ist mitunter reine Nervensache, denn nicht immer gelingt es den anderen Beteiligten, dieses störende Verhalten auszuhalten.
> Dennoch: Es gibt Momente, in denen Sarah ganz still ist und wie gebannt zuhört: wenn vorgelesen wird (dann erinnert sie die anderen sogar, leise zu sein), wenn Meditationsmusik läuft (dann legt sie den Kopf still auf den Tisch), wenn sie weiß, dass es einem Kind aus der Klasse nicht gut geht (dann steht sie wortlos auf und nimmt das Kind in den Arm).

Mich selbst überprüfen

Der folgende Fragebogen ermöglicht eine Reflexion für das eigene Selbstverständnis und Handeln. Er hilft auch festzustellen, was ich selbst verändern sollte und wie ich diese Veränderungen Schritt für Schritt in Angriff nehmen kann. Damit kann ich auch klären, ob und wodurch ich mich um Rat, Hilfe und Entlastung bemühe.

++ auf jeden Fall   **+ ja**   *** mal so, mal so**   **– eher nicht**   **– – gar nicht**

	++	+	*	–	– –
Bin ich mir meiner Interessen und Einstellungen bewusst?	O	O	O	O	O
Bin ich klar in meinen Erwartungen?	O	O	O	O	O
Kennen die Schülerinnen und Schüler meine Erwartungen?	O	O	O	O	O
Bin ich Vorbild durch mein eigenes Verhalten?	O	O	O	O	O
Bin ich gut organisiert und vorbereitet?	O	O	O	O	O
Ist der Klassenraum für reibungsloses Arbeiten gestaltet?	O	O	O	O	O
Achte ich auf die Gruppe, wenn ich mich Einzelnen zuwende?	O	O	O	O	O

	++	+	*	–	– –
Signalisiere ich das deutlich?	O	O	O	O	O
Arbeite ich bewusst mit Körpersprache?	O	O	O	O	O
Erkenne ich die Bedürfnisse der Kinder genügend an?	O	O	O	O	O
Kann ich dennoch „Chef"/„Chefin" bleiben, d. h. habe ich einen roten Faden in meiner Leitung?	O	O	O	O	O
Kann ich die Verhaltenssteuerung allmählich an die Schülerinnen und Schüler abgeben?	O	O	O	O	O
Erkenne ich Anzeichen drohender Konflikte oder Eskalationen im Vorfeld?	O	O	O	O	O
Kenne ich genügend Strategien, um vorzubeugen?	O	O	O	O	O
Arbeite ich kleine Konflikte so auf, dass sie nicht weiterschwelen u. größere Konflikte verursachen?	O	O	O	O	O
Lobe ich genug?	O	O	O	O	O
Kann ich eine Situation auch einmal humorvoll deuten?	O	O	O	O	O
Habe ich Erklärungsmöglichkeiten, um Störungen zu verstehen und pädagogisch damit umzugehen?	O	O	O	O	O
Suche ich genügend Rat, Hilfe und Entlastung nach der Schule?	O	O	O	O	O

Ankreuzen:	**Das will ich langfristig ändern.**
Maximal 2 Punkte einkreisen:	**Morgen fange ich konkret an mit …**
Erste Ideen hier notieren:	**Dabei hilft mir …**

Die Perspektive ändern

Die folgende Geschichte fasst die Grundgedanken dieses Kapitels zusammen. Um mit Störungen und schwierigem Verhalten umzugehen, ist es hilfreich, den eigenen Standpunkt und das eigene Wertesystem zu überprüfen, eigene Anteile an den Schwierigkeiten im Sinne eines systemischen Beziehungsgefüges zu bedenken und gegebenenfalls mit Hilfe einer „neuen Brille" die Perspektive zu ändern.

Jeden Morgen stehe ich auf, reibe mir den Schlaf aus den Augen und verwandele mich in – Django.

Django, der Starke, der Coole, der Furchterregende. Ich kann euch flüstern, das ist Arbeit und kostet mich viel Zeit, aber was soll ich machen? Alle erwarten das von mir. Alle! Ich spritze mir Wasser ins Gesicht und schmiere mir Gel in die Haare. Ich ziehe meine Lederklamotten an und zwänge mich in enge Stiefel. Verdammt enge Stiefel! Kaugummi, Sonnenbrille, ein feistes Grinsen um den Mund und fertig. Django!

Ich gehe durch die Straßen und halte Ausschau: Wer sieht mich? Wer erkennt mich? Wer stellt sich mir in den Weg? Wer wagt es…? Niemand sieht mich …, niemand wagt es …

Ich sehe brave Menschen, die müde und ohne Interesse vorbeieilen. Niemand schaut auf. Niemand sieht mich. Auch nicht die Schulkinder mit ihren Milchgesichtern, die an mir vorbeidrängeln und mit ihren vollen Butterbrotdosen Richtung Schule klappern.

Hey, wartet doch mal, ich bin Django, der Starke, der Coole, der Furchterregende! Ich gehöre hier in diese Straße, in dieses Viertel, ich sehe euch, ich passe auf, warum seht ihr mich nicht?

Ich schwöre, ich wollte nur auf mich aufmerksam machen, na gut – auch etwas provozieren, denn ich hatte mich wirklich geärgert über dieses Mädchen mit den roten Wangen, das daherkam und einen hübschen Korb in der Hand trug und ein rotes Käppchen auf dem Kopf hatte. Hey, wir sind doch hier nicht in Grimms Märchenstube! Ich schaute das Mädchen streng an, damit es auf jeden Fall schon mal wusste, wen es vor sich hatte.

Das Mädchen aber kicherte ohne jeden Respekt… Klar sind meine Augen groß, was denn sonst, wenn ich Django, der Furchtbare bin. Aber keiner sagt, dass das Glotzaugen sind, wie mir das früher mal passiert ist. Und so funkelte ich noch ein bisschen heftiger und schnackelte mit den Ohren. Ob ihr es glaubt oder nicht, das Mädchen bekam einen Lachkrampf und wäre fast weitergegangen, wenn ich nicht schnell meine Zähne gefletscht hätte und es ein bisschen angeknurrt hätte. Ja, meine Zähne – die sind echt nicht weiß und gepflegt, aber das ist kein Grund, sich lustig zu machen. „Uiiih, was hast du nur für große gelbe Zähne", sagte die Göre und strahlte mich mit weißen Perlenzähnen an.

Großes Ehrenwort, ich wollte sie nur kurz packen und ihr sagen, dass ich verdammt noch mal Django bin und keine Zeit habe für Zähneputzen und so einen Weichkram und vielleicht wollte ich auch einfach mal mit ihr quatschen. Doch da schrie sie schon und alle kamen angelaufen. Und plötzlich wussten ALLE, wer ich war und sie riefen: „Immer wieder dieser – dieser – Kurt Wolf, der gehört jetzt wirklich eingesperrt!", und dann wollten sie mich schnappen. Ich musste die Beine in die Hand nehmen und wegrennen, was nicht leicht ist mit den engen Stiefeln und den Lederklamotten. Aber wozu bin ich denn Django, der Geschmeidige, der Schnelle und natürlich haben sie mich nicht erwischt – das wäre ja noch schöner – aber jetzt liege ich hier auf meiner muffigen Matratze und ich traue mich nicht raus und es ist langweilig und eigentlich ist es doch meine Straße und mein Viertel ... und äh ... wir sind doch echt nicht in Grimms Märchenstube ... oder? (Idee nach Dulabaum 2001, S. 122)

P.S. Später habe ich die Göre nochmal gesehen. Sie trug wieder die alberne Kopfbedeckung und den Korb, aber sie hat mich tatsächlich angequatscht. Und sie hat mir erzählt, dass sie auch nicht happy ist mit dem Outfit. Na ja, selber schuld, wenn sie die Brave sein muss, um der Oma zu gefallen. Tja, wir sind dann so was wie Freunde geworden, aber das ist eine andere Geschichte ...

Anregung: Lesen Sie diese Geschichte mit den Kindern Ihrer Klasse. Lassen Sie Bilder zu Django und dem Mädchen malen und die Gefühle der beiden in Sprechblasen dazuschreiben. Lassen Sie die Kinder Bilder von sich selber malen: wie sie sind – und wie sie sein möchten ...

2.2 Der schulische Standort

Vielfach tauchen im Schulalltag Störungen auf, in denen jede Lehrperson schnell handeln muss: Aus einer Rempelei erwächst eine Schlägerei. Eine Aufsichtsperson wird wütend beschimpft. Eine Kollegin beschwert sich bei einer anderen, es sei in deren gegenüberliegenden Klasse zu laut.

Um mit derartigen Situationen umgehen zu können, ist ein gesichertes Handlungs- und Interventionsrepertoire notwendig, das sich jeder individuell aneignen muss und das sich aus Wissen, Erfahrung, aber auch aus Haltungen und der eigenen Persönlichkeit zusammensetzt.

Um jedoch als schulisches System erfolgreich mit Schwierigkeiten umzugehen und sich langfristig auf den Weg zu einer guten, weil effektiven Schule zu begeben, empfiehlt sich eine Standortbestimmung auf Schulebene mit Fragen nach Zielen und Perspektiven. Die gemeinsame Problemanalyse, der Austausch und die Verständigung über Erwartungen, die Entwicklung von Lösungs- und Handlungsstrategien sowie die Nutzung individueller und systemischer Ressourcen hat den Vorteil, vom Handeln der Einzelnen auf ein gemeinsames „Ziehen an einem Strang" überzugehen.

Ein Blick auf die Arbeitsbedingungen, auf die Arbeitsatmosphäre und die Arbeitskultur kann als distanzierte Außenbetrachtung umso wichtiger sein, je mehr sich Probleme häufen, die eine allgemeine Unzufriedenheit zur

Folge haben: Wenn man Schulentwicklung als organischen Zusammenhang von Personal-, Unterrichts- und Organisationsentwicklung versteht, muss sich eine Standortbetrachtung im Hinblick auf Störungen im Schulalltag auf diese Komponenten beziehen.

- Eine solche Bestandsaufnahme beinhaltet zunächst einmal Fragen objektiver Art, die auf der reinen Sachebene von allen gleich beantwortet werden können: Welche Besonderheiten sind bezüglich des Einzugsgebietes der Schule zu beachten? Wie sind die räumlichen Voraussetzungen einschließlich Schulhof und unmittelbarer Nachbarschaft? Wie ist die materielle Ausstattung?
- Dann gibt es Fragen, die bereits einen größeren Interpretationsspielraum lassen: Wie lauten die ausgesprochenen und unausgesprochenen Erwartungen der Erziehungsberechtigten? Welche Vorgaben und Erwartungen seitens der Schulleitung – aber auch der Schulaufsicht – gibt es? Welche Voraussetzungen bringen unsere Schülerinnen und Schüler mit?
- Und es gibt Fragen, die auf das „gefährliche", aber auch lohnende Gebiet der Beziehungsaussagen abzielen: Welche Strukturen gibt es in unserem Kollegium, einschließlich Schulleitung und Hausmeister, welche Spielregeln und welche Formen der Kommunikation? Welche Themen werden offen angesprochen und welche Themen schwingen als Subtext mit? Wie funktioniert das Kollegium als Gruppe und wie werden Konflikte angesprochen und gelöst?

Besonders die zuletzt genannten Aspekte sind im Hinblick auf dem Umgang mit Störungen im Schulalltag bedeutsam, bleiben jedoch häufig – und sei es aus Zeitmangel – unbearbeitet. Auch wenn es vielleicht etwas Mut erfordert: Aus einer geklärten Position heraus agiert ein Kollegium stark und effektiv.

Das Kollegium bestimmt seinen Standort

Der Fragebogen bietet nur die Möglichkeit, sich für JA oder NEIN zu entscheiden. Es wurde bewusst auf eine differenzierte Skalierung verzichtet, um ein eindeutiges Meinungsbild bezogen auf das Gesamtkollegium zu erhalten – ungeachtet der Tatsache, dass es diverse Gruppierungen, Koalitionen oder auch Freundschaften gibt und die Schulleitung ebenfalls eine besondere Rolle einnimmt.

Arbeitsauftrag: Standortbestimmung

Material: Fragebogen, Flipchartbogen
Durchführung: Jedes Kollegiumsmitglied füllt den Fragebogen anonym aus.
Auswertung: Sammeln Sie die Antworten. Wenn eine Frage oft mit Nein beantwortet wurde, verdeutlicht dies in der Regel Handlungsbedarf.

Dabei kann man davon ausgehen, dass bei Handlungsbedarf im Komplex Kommunikation innerhalb des Kollegiums eine externe Moderation, Schulberatung oder auch Supervision Sinn macht. Bei Handlungsbedarf im Komplex Absprachen, Regeln, Konsequenzen erscheinen sowohl pädagogische Konferenzen als auch kollegiale Fallberatungen sinnvoll.

Der Handlungsbedarf im Komplex Kooperationsformen innerhalb der Schule ist durch interne Expertenteams, die sich mit dem jeweiligen Themenbereich beschäftigen oder durch schulinterne Fortbildungen zu bedienen.

Bei Handlungsbedarf im Komplex der kollegialen Entlastung ist u.a. zu überlegen, in welcher Form eine Kollegiumskultur aktiviert werden kann.

Kommunikation innerhalb des Kollegiums	Ja	Nein
Sprechen wir über Probleme und Schwierigkeiten?		
Können wir dabei offen sein, d.h. existiert eine vertrauensvolle Atmosphäre?		
Sprechen wir über unsere gegenseitigen Erwartungen im Umgang mit Störungen?		
Reichen uns die vorhandenen Kommunikationsstrukturen aus (z.B. informelle Gespräche/päd. Konferenzen/Teamgespräche)?		
Absprachen, Regeln, Konsequenzen	**Ja**	**Nein**
Gibt es bei uns lerngruppenübergreifende Absprachen über angemessenes Verhalten?		
Haben wir Regeln festgelegt, die für alle transparent sind?		
Werden die Regeln von uns allen als verbindlich eingeschätzt?		
Haben wir Konsequenzen bei Regelüberschreitungen festgelegt?		
Werden die Konsequenzen von uns allen durchgeführt?		
Sind die verbleibenden Spielräume angemessen?		
Gibt es eine Schulordnung?		
Kooperationsformen innerhalb der Schule	**Ja**	**Nein**
Gibt es schulbezogene Kooperationsformen (Patenklassen/ Time-out-Regelungen/zeitlich begrenzter Gruppenwechsel etc.)?		
Werden diesbezügliche Absprachen von allen als verbindlich angesehen, d.h. können sich alle darauf hinreichend verlassen?		
Gibt es Regelungen zur Konfliktlösung (Streitschlichtung/ ritualisierte Konfliktgespräche/sozialer Trainingsraum)?		

Kollegiale Entlastungsformen	Ja	Nein
Gibt es informelle Entlastungsformen (z. B. „Tür- und Angel-gespräche", pädagogische Gespräche, Krisengespräche)?		
Gibt es institutionalisierte Formen der kollegialen Entlastung (z. B. kollegiale Fallberatung, Supervision)?		
Gibt es eine Kollegiumskultur (gemeinsame Unternehmungen, Rituale, um Geburtstage oder das Schuljahresende zu begehen)?		
Reichen die vorhandenen Formen aus oder sind Erweiterungen, Ergänzungen erwünscht?		

3 Verhalten beobachten und Ursachen vermuten

Fest steht – das haben wir oben erläutert –, dass an Störungen unterschiedliche Faktoren beteiligt sind, die in einem wechselseitigen Bedingungsgefüge zueinander stehen. Dies hat Auswirkungen auf sinnvolle Lösungs- und Handlungsmöglichkeiten. Manchmal bedarf es Veränderungen bei den Lehrerinnen und Lehrern. Manchmal sind Veränderungen im schulischen System sinnvoll und nötig. Aber auch, wenn alles dies bestmöglich beachtet und umgesetzt ist, wird es Störungen unterschiedlicher Art geben. Und damit wird sich weiterhin die Frage nach Gründen und den sich daraus ergebenden sinnvollen Handlungsmöglichkeiten stellen.

Deshalb werden wir in diesem Kapitel die unterschiedlichen Voraussetzungen des Kindes im Gefüge der Gruppe in den Blick nehmen. Da man nur das sieht, was man weiß, und da man Ursachen nur vermuten kann, wenn man Muster zur Hand hat, bieten wir Beobachtungshilfen und Erklärungsmuster an und entwickeln auf dieser Grundlage in den weiteren Kapiteln Interventions- und Handlungsmöglichkeiten.

Den Dingen auf den Grund gehen

Kinder können aus unterschiedlichen Gründen nicht störungsfrei lernen. Dabei stören sie sowohl sich selbst als auch die anderen. Diese Gründe kann man nicht sehen; sehen kann man nur das konkrete Verhalten. Um das Verhalten tiefergreifend zu verstehen, empfiehlt es sich, Hypothesen darüber aufzustellen, was unterhalb der sichtbaren Oberfläche liegen könnte. Das Eisbergmodell auf der folgenden Seite verdeutlicht diesen Gedanken.

Um menschliches Verhalten in seiner Vielfalt zu verstehen, brauchen wir einerseits Vermutungen über Ursachen, die uns als „Perspektiven des Verstehens" dienen und keine Zuschreibungskategorien sein dürfen, und andererseits prinzipielle Offenheit, die uns weitere Möglichkeiten der Interpretation und der Interaktion eröffnet.

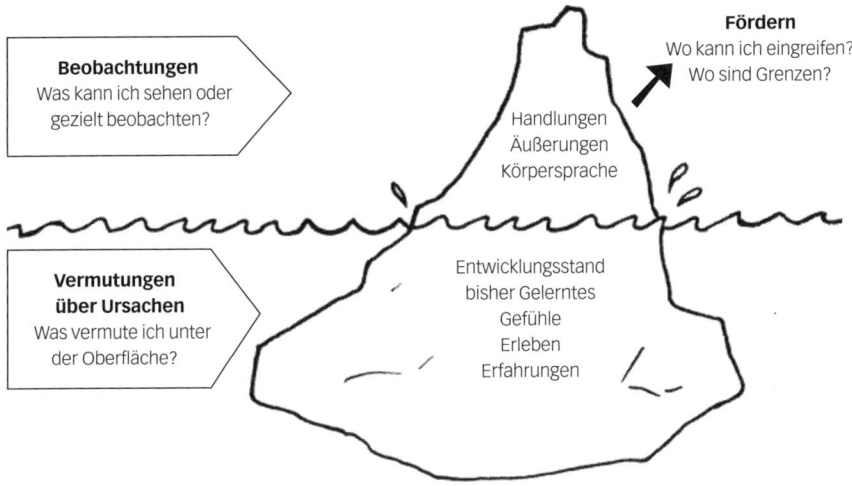

Das Eisbergmodell

3.1 Soziale Wahrnehmung

In der Klasse – und nicht nur da – befinden sich die Kinder in ständiger Interaktion und Kommunikation mit den anderen und mit den Lehrpersonen. Um diese immerwährenden und ständig wechselnden sozialen Situationen angemessen bewältigen zu können, bedarf es eines breiten Spektrums an Verhaltensweisen.

Für jeden Menschen stellt es eine große Herausforderung dar, gleichzeitig auf mehreren Ebenen zu erfassen, was um einen herum geschieht; aus diesen Informationen herauszufiltern, was einen betrifft und was nicht; zu deuten, wie die Situation zu verstehen ist und dann angemessen zu handeln. Sozial kompetentes Verhalten setzt sich dabei aus kognitiven Fähigkeiten einerseits und sozialen Fertigkeiten andererseits zusammen (vgl. PETERMANN u.a. 1999).

Beides muss und kann man erlernen, es ist aber auch geprägt durch persönliche Eigenschaften wie Temperament oder Stimmung. Grundlegende Voraussetzung für ein angemessenes und breites Verhaltensspektrum ist die soziale Wahrnehmung.

Die folgende Übersicht (modifiziert nach PETERMANN u.a. S.34) stellt den Ablauf einer jeden sozialen Interaktion dar:

		Positiver Handlungsverlauf	Negativer Handlungsverlauf
Wahrnehmen	Was geschieht hier? (Wer? Wo? Wie? Was?)	Möglichst alle relevanten Informationen erfassen	Eingeschränkte und selektive Aufnahme von Informationen
Interpretieren	Was bedeutet dieses Ereignis für mich? (Warum geschieht das so?)	Situationsangemessenes Gewichten/Interpretieren/Kombinieren relevanter Informationen	Akzentuierung (Unterstellung von Feindseligkeiten)
Reaktionssuche	Was kann ich tun?	Breites Reaktionsrepertoire, flexible Suche nach Problemlösungen	Einseitiges Reaktionsrepertoire, unflexible Suche nach Problemlösungen
Reaktionsbewertung	Was passiert, wenn ich dies oder jenes tue?	Abwägen, kurz-, mittel- und langfristiger Konsequenzen	Abwägen kurzfristiger Konsequenzen; Präferenz: aggressive, isolierende, ängstliche Reaktionssuche
Handeln	Ich handle.	Fähigkeit, differenziertes Sozialverhalten zu äußern	Mangelnde Fähigkeit, differenziertes Sozialverhalten zu zeigen

Nina steht auf, um zum Papierkorb zu gehen. Dabei stößt sie gegen Kevins Mäppchen, welches vom Tisch fällt, wobei alle Stifte herausrollen.

Kevin kann nun registrieren, dass es an seinem Tisch sehr eng war und Nina sich ganz klein gemacht hat, um vorbeizukommen. Er kann aber auch nur Nina und seine verstreuten Stifte wahrnehmen.

Er kann die Situation so deuten, dass Nina Pech gehabt hat oder aber, dass sie absichtlich gegen sein Mäppchen gestoßen ist, um ihn zu ärgern.

Kevin kann überlegen, Nina zu fragen, wie das passiert ist oder sagen: „Jetzt hilf mir aber bitte beim Einsammeln."

Oder aber er entscheidet sich, wie er das meist tut, loszuschimpfen und ein großes Theater zu inszenieren.

Er kann im Hinterkopf haben, dass bei einem großen Theater um diese Sache zu wenig Zeit für die anschließende, sehr beliebte „Spielezeit" verbleibt. Er kann aber ausschließlich auf seine unmittelbare Bedürfnisbefriedigung bedacht sein und ein sofortiges Agieren anstreben.

Dann kann Kevin die Sache angemessen mit Nina oder mit Hilfe der Lehrerin lösen. Er kann Nina auch sofort wüst beschimpfen oder schlagen.

Beobachtungsbogen zum sozialen Verhalten	
Verhaltensweise des Kindes	*Beobachtungen*
Das Kind nimmt wahr, was um es herum passiert.	
Das Kind hat ein Gespür dafür, wie es anderen Menschen geht.	
Das Kind versucht, sich in die Lage anderer zu versetzen.	
Das Kind kann Konsequenzen seines Verhaltens einschätzen.	
Das Kind zeigt Rücksichtnahme anderen Kindern gegenüber.	
Das Kind wendet sich anderen Kindern tröstend oder hilfreich zu.	
Das Kind kann mit einigen Kindern der Klasse zusammenarbeiten oder spielen.	
Das Kind kann mit fast allen Kindern der Klasse zusammenarbeiten oder spielen.	
Das Kind ist bereit und fähig, Kompromisse zu schließen.	
Das Kind kann eigene Bedürfnisse kurz- oder mittelfristig zurückstellen.	
Das Kind nimmt Klassenaufgaben wahr.	
Das Kind hat seine eigenen Meinungen und Ansprüche.	
Das Kind kann eigene Meinungen oder Ansprüche angemessen äußern.	
Das Kind kann eigene Meinungen oder Ansprüche angemessen durchsetzen.	
Das Kind freut sich über Erfolge.	
Das Kind verfügt über verschiedene Strategien der Problemlösung (reden, Lehrerin hinzuholen, Mitschüler fragen, abwarten etc.).	

3.2 Aggression und Angst

Aggression

Aggressives Verhalten ist sicherlich die meistgenannte Ursache von (Unterrichts-)Störungen. Darunter werden alle Verhaltensweisen zusammengefasst, die darauf abzielen, jemanden anderen direkt oder indirekt absichtsvoll zu schädigen. Diese Beschreibung umfasst ein sehr weites Feld an Ausdrucksformen und Verursachungsbedingungen. Für sinnvolle und gezielte Interventionen ist es erforderlich, dieses Spektrum individuell zu analysieren, denn: Auch aggressives Verhalten ist für das jeweilige Kind in erster Linie sinnvolles Verhalten. Das Kind will oder muss etwas Bestimmtes erreichen und benutzt zu diesem Zweck dieses Verhalten.

Folgende Fragestellung hilft bei einer Einschätzung des beobachteten Verhaltens, aus der sich gleichzeitig die Interventionsrichtung ergibt:

In welchem Zusammenhang wird die Aggression gezeigt?
- Wird ein Kind aggressiv, wenn es sich ungerecht behandelt oder sich provoziert fühlt, dann handelt es, um sich einen Ausgleich, eine Entschädigung zu verschaffen. In diesem Fall spricht man von Vergeltungsaggression.

> Patrik hat eine schlechte Note bekommen, obwohl er viel geübt hat. Er empfindet die Note als unberechtigt. In der Pause nach der Rückgabe der Arbeit zettelt er eine Prügelei an, in der er ein Ventil für diese vermeintliche Ungerechtigkeit findet und sein Selbstwertgefühl wieder aufrichtet.

- Wird ein Kind aggressiv, wenn es sich bedroht fühlt oder vor etwas Angst hat, dann handelt es, um dieser Bedrohung aus dem Wege zu gehen. In diesem Fall spricht man von Abwehraggression.

> Florian kann nicht gut lesen. Er befürchtet, gleich laut vor der Klasse vorlesen zu müssen. Um diese Situation zu vermeiden, ruft er einem Mitschüler ein Schimpfwort zu. Nun bekommt er Ärger, aber das ist ihm allemal lieber, als der Schmach des Versagens ausgeliefert zu sein.

- Wird ein Kind aggressiv, wenn es etwas Bestimmtes erzielen will (es möchte recht haben, Aufmerksamkeit bekommen oder etwas Gegenständliches an sich bringen), dann spricht man von Erlangungsaggression.

Jule möchte von den anderen Mädchen der Klasse beachtet und anerkannt werden. Sie zieht verächtlich und gemein über eine Mitschülerin her, gegen die sie eigentlich gar nichts hat, nur um dazuzugehören.

Um aggressives Verhalten besser zu verstehen und damit umgehen zu können, ist es von Bedeutung, sich folgende Faktoren vor Augen zu halten:
* Aggressives Verhalten wird erlernt. Besonders relevant sind hier reale oder fiktive Vorbilder. Wer erfahren hat, dass er oder andere mit aggressivem Verhalten etwas bewirken kann, wird dies wieder einsetzen.
* Wenn Frustration als Provokation erlebt wird, ist eine aggressive Reaktion wahrscheinlich.
* Wo Menschen Beziehungen zueinander und zu ihrer Umgebung haben, ist aggressives Verhalten viel weniger oft anzutreffen.

Wie wird die Aggression ausgedrückt?
* Körperliche Aggression: schlagen, stoßen, Beinchen stellen
* Sprachliche Aggression:
  – dem Inhalt nach (über jemanden herziehen, lächerlich machen, diffamieren)
  – durch die Wortwahl geprägt (Schimpfwörter benutzen, Fluchen, etc.)
* Mimisch-gestische Aggression: anstarren, Zunge rausstrecken, „Stinkefinger" zeigen
* „Sanfte" Aggression: jemanden übergehen, nicht zuhören, nicht antworten

Angst

Im Gegensatz zu Auffälligkeiten wie Aggressionen stören Ängste den Unterricht vermeintlich zunächst nicht. Ängste können Kinder aber ebenso am Lernen und am Zusammensein mit anderen hindern wie die so genannten externalisierten Auffälligkeiten.

Catalin fürchtet Klassenarbeiten so sehr, dass sie jedes Mal starke Bauchschmerzen bekommt. Einmal hat sie sich vor Angst erbrochen. Die Mutter hat Catalin schon mehrmals deswegen zu Hause behalten.

Benedikt hat nach dem Krankenhausaufenthalt seiner Mutter große Angst um sie. Aus Sorge, ihr könne in seiner Abwesenheit etwas zustoßen, will er nicht von zu Hause weg und ist in der Schule nicht bei der Sache, eher apathisch, quasi immer „auf dem Sprung".

Jedes der Beispiele zeigt eine unterschiedliche Dimension möglicher Ängste in der Schule auf.

Kinder wie Catalin haben Schulangst. Die Gründe für ihre Ängste liegen meist in der Schule selbst: soziale Ängste vor Mitschülern (Hänselei, Auslachen, Ausgrenzung, Mobbing, Bedrohungen, tätliche Angriffe) oder vor Lehrern (Bloßstellung, Demütigung, Einschüchterung). Ebenso kann die Angst vor Leistungsversagen oder Überforderung Schulangst auslösen. Diese kann allgemeiner Art sein wie Angst vor dem Aufgerufen werden oder auch spezieller Art wie Angst vor dem Lesen, dem Kopfrechnen oder dem Fußballspiel. Überforderung, aber auch nur die Sorge vor einer möglichen Überforderung, kann durch unterschiedliches Leistungsvermögen entstehen: wiederum bedingt durch fehlende Übung oder Förderung, durch fehlendes Talent – auch in Fächern wie Sport, Kunst etc. – und durch inadäquate Lehrmethoden, wodurch ein Mitkommen innerhalb der Klasse deutlich gehemmt werden kann. Überforderungen seitens der Familie können einerseits durch zu hohe Leistungsanforderungen („Eine Zwei ist toll, aber warum hast du keine Eins?"), andererseits bei fehlender Unterstützung (keine Betreuung, keine Hilfen, kein Interesse) entstehen.

Kinder wie Benedikt sind so genannte Schulphobiker. Sie finden sich seltener in den Schulen. Bei ihnen sind jedoch auch die Interventionsmöglichkeiten seitens der Schule stark eingeschränkt. Sie haben nichts gegen die Schule, die Mitschüler oder die Lehrerinnen und Lehrer, wollen aber unter allen Umständen zu Hause bleiben. Sie empfinden starke Trennungsängste oder Angst vor Kontrollverlust, was den häuslichen Bereich angeht.

Der Beobachtungsbogen auf der folgenden Seite kann eine Einschätzung erleichtern. Eventuell ist eine Zusammenarbeit mit den Eltern sinnvoll. Dabei ist zu bedenken, dass im Fall von Schulphobie Kind und Eltern ein System bilden und dass viele Dinge hier unbewusst geschehen oder aber bewusst zurückgehalten werden. In solchen Fällen sind den schulischen Bemühungen Grenzen gesetzt, und es sollte angeregt werden, außerschulische Beratungsstellen wie den schulpsychologischen Dienst oder Kinder- und Jugendpsychologen hinzuzuziehen.

Diese und die nachfolgenden Bögen dienen dem Aufzeigen von Möglichkeiten innerhalb eines bestimmten Verhaltensspektrums: Dabei gilt der Leitgedanke: „Ich sehe nur, was ich weiß." Sie erheben keinen Anspruch auf Vollständigkeit, sollen jedoch den Blick auf ein Kind lenken und strukturieren, um dann konkret und effektiv handlungsfähig zu sein. Sie sind dann einzusetzen, wenn in Bezug auf ein bestimmtes Kind eine Anfangshypothese besteht. Gleichzeitig ist ein Austausch mit dem Kind selbst, seinen Eltern und gegebenenfalls involvierten Kolleginnen und Kollegen unentbehrlich.

Beobachtungsbogen zu Ängsten in der Schule

Beobachten Sie genau, in welchen konkreten Situationen das Kind die genannten Verhaltensweisen zeigt. Dies gibt Ihnen Auskünfte für Ihre Handlungsmöglichkeiten.

Verhaltensweise des Kindes	Beobachtungen Situation (Fach/Lerngruppenzusammensetzung etc.), Ort (Klassenraum/Turnhalle/Pausenhof etc.), Zeit (Wochenbeginn/Beginn oder Ende des Schultages etc.)
Scheint das Kind gern zur Schule zu kommen?	
Scheint das Kind gern in die Pause zu gehen?	
Hat das Kind Freunde in der Klasse?	
Kann das Kind mit Mitschülern zusammenarbeiten?	
Äußert das Kind Sorge vor der Kritik der Eltern?	
Gibt es Unterrichtssituationen, welche das Kind offensichtlich vermeidet?	
Sagt das Kind häufig von sich: „Das schaffe ich sowieso nicht."?	
Gibt es körperliche Beschwerden bei Leistungsanforderungen? (Übelkeit, Schwindelgefühl, Bauch- oder Kopfschmerzen, deutliche Blässe etc.)	
Zeigt das Kind Ausweichverhalten bei Leistungsanforderungen? (Clownerien, häufiges Kramen, bewusstes Provozieren, Toilettengang etc.)	
Zeigt sich das Kind bei Leistungsanforderungen gereizt, nervös oder angespannt?	
Wird das Kind von seinen Mitschülerinnen und Mitschülern gehänselt oder ausgelacht?	
Äußert das Kind Befürchtungen, dass seinen Eltern, Geschwistern etc. etwas zustoßen könnte?	

Verhaltensweise des Kindes	Beobachtungen
Ist das Kind offenkundig lieber zu Hause als in der Schule, auch bei Ausflügen, Feiern etc.?	
Möchte das Kind mit auf Klassenfahrt?	

3.3 Aufmerksamkeit und Konzentration

Nico, 10 Jahre, zeigt viele Anzeichen einer hyperkinetischen Aufmerksamkeitsstörung (ADHS). Er ist stets in Bewegung, lässt sich schnell ablenken, kann Aufträge wie „Holt eure Malsachen heraus" nicht umsetzen, ohne den Inhalt der Schultasche auf Fußboden und Tisch zu verteilen, und erinnert sich selten an zuvor Besprochenes. Wie es scheint, hat er große Schwierigkeiten, den Lernstoff aufzunehmen und gedächtnismäßig zu verankern. Eines Tages kommt er in die Schule und sagt, ohne zu stocken, ca. 100 Pokemonnamen auf: „Pummeloff, Pikachu, Glumanda, Glutexo, Alpolla, Myrapla …"

Die Fähigkeiten zur Zentrierung der Aufmerksamkeit und zum Aufrechterhalten von Konzentration gelten als wichtige Bedingung für Lernen, da sie die Art der Informationsaufnahme und -verarbeitung steuern: den Umfang, die Genauigkeit, die Dauer etc. Schwierigkeiten in diesem Bereich beeinträchtigen nicht nur das individuelle Lernen, sondern führen auch auf der Verhaltensseite zu Störungen, die sich auf den gesamten Unterrichtsverlauf auswirken können, und deren Erscheinungsformen uns allen zur Genüge bekannt sind.

Vielen Kindern wird heute jedoch Unkonzentriertheit oder Unaufmerksamkeit sozusagen als feststehende Eigenschaft zugesprochen, ohne dass die Begriffe klar voneinander unterschieden werden und ohne dass der situative Zusammenhang, in dem Schwierigkeiten auftreten, mitbedacht wird. Auch erhalten zunehmend mehr Kinder eine medizinische Diagnose wie ADS oder ADHS – teilweise mit einer medikamentösen Behandlung –, ohne dass sie weitere Unterstützungsprogramme erhalten. Darauf wird weiter unten kurz eingegangen.

Hier geht es um allgemeine Aspekte von Aufmerksamkeit und Konzentration und deren Auswirkungen auf das Gelingen von Lern- und Unterrichtsprozessen. Da die beiden Begriffe vielfach synonym betrachtet werden, wird zunächst eine Begriffsklärung vorgenommen, aus der sich bereits erste Schlussfolgerungen ziehen lassen:

- Willkürliche Aufmerksamkeit ist im Gegensatz zu unwillkürlicher Aufmerksamkeit ein **bewusster kognitiver Akt**. Das heißt, dass Kinder, wenn sie Aufmerksamkeit zeigen sollen, auch darüber informiert sein müssen, dass das so ist. Dazu gehört auch, Kinder darüber zu informieren, worum es eigentlich geht; z.B. welcher Inhalt mit welcher Zielsetzung und welchen Arbeitsschritten im Unterricht bearbeitet werden soll.
- Aufmerksamkeit zeigt sich im **Auf-merken** und im **Be-merken**. Das heißt, dass es etwas zum Aufmerken und Bemerken geben muss: eine echte Frage, eine interessante Problemstellung, eine nachvollziehbare Struktur im Unterricht etc.
- Wendet sich ein Mensch bestimmten Reizen bewusst zu und vernachlässigt dabei andere Reize, so spricht man von konzentrativer **Aufmerksamkeit**. Das heißt auch, dass „Reize", die möglicherweise nicht vernachlässigt werden können wie Kummer, Hunger, Müdigkeit, Unlust zunächst einmal beseitigt werden müssen oder dass gemeinsam zu klären ist, wie damit zu verfahren ist.
- **Konzentration** ist dann gegeben, wenn Reize nicht nur vereinzelt ausgeblendet werden können, sondern so lange, bis z.B. ein Arbeitsvorgang beendet ist. Das heißt auch, dass Arbeitsvorgänge klar definiert oder in sinnvolle Teilsequenzen unterteilt werden müssen.
- Ist ein Mensch von einer Situation oder einem Sachverhalt betroffen, weil sie ihn fasziniert oder ihn berührt oder unmittelbar angeht, spricht man von einer **sachbezogenen Aufmerksamkeit** und Konzentration. Das heißt auch, dass gefragt werden muss: Was bewegt unsere Kinder wirklich? Was beschäftigt sie? Wie können wir Lernangebote aus der Perspektive des Kindes heraus machen, die gleichzeitig unserem Bildungsauftrag entsprechen? Und durch welche Unterrichtsformen kann dies realisiert werden? (vgl. Begemann 2000, S. 180 ff.)

Sachbezogene Aufmerksamkeit ist der eigentliche Motor des Lernens (vgl. Begemann, a.a.O., S. 184). Damit wird die Auffassung in Frage gestellt, dass es eine *allgemeine* Fähigkeit zu Aufmerksamkeit und Konzentration gibt, unabhängig von der Aufgabenstellung oder der Motivation, die jemand zum Lernen hat. Wenn ein Kind von einer Sache wirklich fasziniert ist, kann es stundenlang daran verweilen (denken Sie an Fernsehen und Computerspiele), auch wenn es in anderen Bereichen so aussieht, als wäre die Fähigkeit zu Aufmerksamkeit und Konzentration nicht gegeben.

Nico, dessen Schwierigkeiten oben beschrieben wurden, ist in der Lage, bei entsprechender Faszination 100 ungewohnt klingende Namen zu lernen. Schulisches Lernen sollte demnach der sachbezogenen Aufmerksamkeit einen hohen Stellenwert einräumen, bei den Interessen und Fragen des Kindes ansetzen und diesen durch offene Unterrichtsformen und projektorientiertes Arbeiten Rechnung tragen.

Dennoch wird es immer Bereiche geben, die einfach bearbeitet werden müssen, auch wenn sie keinen hohen Aufforderungscharakter haben. Kinder – übrigens auch Erwachsene – verstehen dies besser, wenn man diesen Sachverhalt bewusstmacht: „Es gibt Pflicht- und Küraufgaben …"

Es gibt Faktoren, die das Hinwenden zu einer Tätigkeit unter Ausblenden anderer Reize erschweren. Diese lassen sich in folgende Bereiche einteilen (vgl. auch LIEBERTZ 1999, S. 89):

- **Energiebereich:** Müdigkeit, Bewegungs- und Sauerstoffmangel, inadäquate Ernährung etc.
- **Sensomotorischer Bereich:** Entwicklungsverzögerungen in den basalen Bereichen von Wahrnehmung und Motorik
- **Emotionaler Bereich:** akute Sorgen, Belastungen oder Ängste etc.
- **Sozialbereich:** Konflikte in der Gruppe oder in der Klasse etc.
- **Lernbereich:** zu geringe Motivation, eine noch nicht entwickelte Arbeitshaltung, fehlende Vorkenntnisse zu einem Sachverhalt, Monotonie der Aufgabenstellung etc.
- **Lernumgebung:** zu anregungsarm oder eine zu große Reizüberflutung etc.

Beobachtungsbogen zu Aufmerksamkeit und Konzentration

Verhaltensweise des Kindes	Beobachtungen In welchen Fächern? Bei welchen Themen? In welcher Phase des Unterrichtsvormittages?
Das Kind unterbricht „unterrichtsfremde" Aktivitäten, wenn der Beginn der Unterrichtsstunde signalisiert wird.	
Das Kind hört Arbeitsanweisungen oder Erklärungen ruhig zu und kann diese anschließend befolgen.	
Das Kind beginnt eine Aufgabe einige Minuten nach Erteilung des Arbeitsauftrages.	
Das Kind beachtet auch Einzelheiten der Aufgabe.	

Verhaltensweise des Kindes	Beobachtungen In welchen Fächern? Bei welchen Themen? In welcher Phase des Unterrichtsvormittages?
Das Kind ignoriert von draußen stammende Alltagsgeräusche sowie Stimmengemurmel und Aktivitäten in der Klasse.	
Das Kind kann Befindlichkeiten wie Müdigkeit, Unlust eine Weile zurückstellen, um eine Aufgabe oder Tätigkeit zu beenden.	
Das Kind bleibt konstant bei einer fremdgesetzten Tätigkeit: Klasse 1: ca. 10 Min., Klasse 2: ca. 15 Min., Klasse 3: ca. 20 Min., Klasse 4: ca. 30 Min.	
Das Kind bleibt konstant bei einer selbst gewählten Tätigkeit: Klasse 1: ca. 10 Min., Klasse 2: ca. 15 Min., Klasse 3: ca. 20 Min., Klasse 4: ca. 30 Min.	
Das Kind findet nach Unterbrechungen den Anschluss an den eigentlichen Gedankengang oder die Tätigkeit.	
Das Kind kann sich von einer Tätigkeit lösen, um etwas anderes zu beginnen oder sich auf eine andere Phase im Unterricht einzulassen.	
Das Kind erkennt störende Faktoren und kann diese benennen.	
Das Kind nimmt Vorschläge an, bei Störungen nach Abhilfe zu suchen.	
Das Kind sucht bei Störungen selbstständig nach Abhilfe.	

Zappelphilipp und Hans Guck-in-die-Luft: ADHS/ADS

Sascha stolpert nach der Pause in die Klasse und hat Augen und Ohren überall. Während die anderen Kinder bereits am Platz sitzen, ist er noch damit beschäftigt, den Anorak auszuziehen, diesen halb auf den Stuhl zu hängen, halb hinzuwerfen, gleichzeitig seinem Nachbarn etwas zuzurufen, aufzuspringen, weil jemand vor ihm etwas aus der Schultasche kramt. Es dauert lange, bis er bereit zu sein scheint, seine Aufmerksamkeit dem Inhalt der Stunde zuzuwenden.

Tina sitzt vor ihrem Heft und schaut ins Leere. Wenn ich sie anspreche, reagiert sie, als würde sie gerade aufwachen. „Ja", sagt sie, „ich beeile mich jetzt." Sie beginnt zu schreiben und kaut nach zwei Minuten an ihrem Bleistift. Gedankenverloren. Während die anderen Kinder allmählich ihre Arbeit beenden, kritzelt sie im Heft herum. „Das ist eine Schmucklinie", erklärt sie mir auf mein Nachfragen. Das Geschehen um sie herum scheint sie nicht zu erreichen, auch nicht als die anderen alle mit dem Aufräumen beginnen.

Bei sehr extremen Formen einer gestörten Fähigkeit zum Fokussieren von Aufmerksamkeit und Aufrechterhalten von Konzentration spricht man von **ADS** (Aufmerksamkeitsdefizitsyndrom) und **ADHS** (Aufmerksamkeitsdefizitsyndrom mit Hyperaktivität). Mit diesen Konstrukten versuchen Ärzte, Psychologen und Pädagogen seit Jahren, eine Fülle von Phänomenen zu erfassen wie stark erhöhte Ablenkbarkeit – mit oder ohne motorische Unruhe –, ungesteuertes Verhalten, Stimmungsschwankungen, große Schwierigkeiten, mit Veränderungen umzugehen und bei Aufgaben von einem Assoziationsbereich zum anderen zu wechseln etc. Oftmals stellt sich trotz durchschnittlicher, zum Teil auch überdurchschnittlicher Intelligenz nicht der erhoffte schulische Lernerfolg ein (vgl. auch Kapitel 3.4). Zur Verursachung gibt es eine Vielzahl von Erklärungsansätzen, die von neurochemischen Kausalitäten bis hin zu soziologischen Betrachtungsweisen (Auffälligkeiten als gesellschaftliche Konstrukte) reichen. Ob tatsächlich ADHS oder ADS vorliegt, ist von Fachleuten wie Neuropsychologen, speziell ausgebildeten Pädiatern oder Kinderpsychiatern zu klären; ebenso welche Faktoren letztendlich verursachend sind: genetische Disposition, pränatale toxische Einflüsse, Sauerstoffmangel während der Geburt, Allergien, Schwierigkeiten in der Lebensgeschichte mit inadäquaten Bedingungen in der Lebensumwelt des Kindes etc. Bei einer umfassenden Diagnose ist jedoch gleichzeitig immer zu fragen, inwieweit sie zum Verständnis für das Kind beitragen kann.

Insgesamt ist zu bedenken, dass es sich bei ADS/ADHS um einen geringen Prozentsatz handelt – und zwar einen viel geringeren Prozentsatz als gemeinhin angenommen –, wobei die betroffenen Kinder und deren Familien allerdings einer großen Belastung ausgesetzt sind. Entsprechend gibt es eine Vielzahl von Behandlungskonzepten wie z. B. Psychotherapie, Verhaltenstherapie, Ergotherapie, medikamentöse Behandlungen. Zu beachten ist, dass es keine Patentlösungen zum Abstellen von „Problemen" gibt. Lösungsansätze müssen individuell geplant und mit allen Beteiligten abgesprochen sein. Dies gilt vor allen Dingen für die medikamentösen Behandlungen, die zwar – in ärztlich abgeklärten Extremfällen – zu der benötigten

Entlastung führen können, allerdings aber – auch im Hinblick auf die fachlich belegten Nebenwirkungen – nur in Verbindung mit weiterführenden Therapien, die die gesamte Familiensituation in den Blick nehmen, sinnvoll sind. Diese Diskussion kann an dieser Stelle nicht vertieft werden; es sei jedoch auf weiterführende Literatur wie beispielsweise KÖCKENBERGER 2001 und VOSS/ WIRTZ 2000 verwiesen.

Generell ist zu fragen, ob Konstrukte wie ADHS und ADS helfen, um Aufmerksamkeits- und als deren Folge Verhaltensprobleme zu erklären, damit dem Kind und den Beteiligten seines Umfeldes geholfen werden kann, oder ob eine derartige Zuschreibung das Verhalten des Kindes eindimensional festlegt und wenig Spielraum für Veränderungen lässt. Dabei ist auch zu berücksichtigen, dass Kinder – bedingt durch vielfältige Einflüsse – heutzutage insgesamt „anders" sind als noch vor einigen Jahren und dass sie „anders" Informationen aufnehmen und verarbeiten. Dennoch kann Kindern geholfen werden, wenn man ihre Besonderheiten einordnen kann und daraus Verständnis und sinnvolle Umgangsweisen entwickelt. Besteht Verdacht auf ADHS/ADS, so sollte eine fachärztliche Untersuchung angeregt werden, wobei jede Form der medikamentösen Behandlung sorgsam abzuwägen ist und nur in Verbindung mit einer auf die jeweilige Familie abgestimmten Begleittherapie sinnvoll ist.

3.4 Wahrnehmung und Motorik

> Tom besucht die zweite Klasse. Ich hole ihn mit fünf anderen Kindern zur Lese-
> förderung ab. Da kein anderer Raum zur Verfügung steht, gehen wir in den
> Medienraum der Schule. Tom betritt diesen Raum zum ersten Mal. Beim Betre-
> ten wirkt er sofort sehr aufgeregt, nahezu erregt. Er bewegt sich hastig und
> scheint überall zu sein. Mit schnellen Bewegungen fasst er hier etwas an, steu-
> ert dorthin, zieht etwas aus dem Regal, stopft es wieder zurück, alles begleitet
> von einem Wortschwall, der zusammenhanglos wirkt. „Was ist das, das kenne
> ich, schau mal hier, ach ja, oh jetzt habe ich aber ...“
> Meine Versuche, Tom zu einem zielgerichteten Tun zu bewegen – sprich, sich
> die Materialien in Ruhe anzuschauen und sich meine Antworten auf seine Fra-
> gen anzuhören – enden in einem angestrengten Bemühen, ein allzu großes
> Durcheinander zu verhindern.

Toms Verhalten lässt vermuten, dass er Informationen trotz seines Alters
noch sehr grundlegend aufnehmen und verarbeiten muss: nahe herantreten, etwas mit den Händen spüren, Dinge durch Ziehen, Reißen, Drehen
„ausprobieren". Gleichzeitig verursachen neue Situationen und die damit
verbundenen Informationen (räumliche Gegebenheiten, neue Bezugsperson, eine andere Gruppenkonstellation) eine Reizfülle, die offensichtlich
Toms Verarbeitungs- und Steuerungsvermögen überfordern (vgl. auch Kapitel 7.2). Ein Schlüssel zum Verständnis dieses Verhaltens kann es sein, die
Prozesse der zentral gesteuerten Informationsaufnahme und -verarbeitung
zu betrachten sowie die Auswirkungen möglicher Entwicklungsverzögerungen bzw. Störungen herauszukristallisieren.

Bei allen unseren Aktivitäten werden über die Sinne Informationen aufgenommen, gefiltert, verstärkt, weitergeleitet, mit bestehenden Mustern
abgeglichen, verarbeitet und gespeichert, bevor es zu Reaktionen wie greifen, sprechen, hinsehen, weglaufen kommt, als deren Folge wiederum weitere Informationen aufgenommen und verarbeitet werden. Man spricht von
einem sensomotorischen Regelkreis (vgl. LUCKFIEL/BRAUN 2004, S. 65).
Dabei kommt der basalen Wahrnehmung eine besondere Bedeutung zu,
indem wir
- jederzeit präzise feststellen können, in welcher Lage wir uns in Bezug auf
  die Schwerkraft befinden (vestibuläre Wahrnehmung),
- ein Gefühl für unsere Bewegung und die Stellung unserer Muskeln und
  Gelenke haben (kinästhetische Wahrnehmung),
- über die Hautoberfläche Informationen aufnehmen (taktile Wahrnehmung).

Im Verlauf der kindlichen Entwicklung differenzieren sich die sensomotorischen Leistungen zunehmend aus. Einzelne Teilbereiche werden zu immer komplexer werdenden Funktionsbereichen integriert. Darauf basieren letztendlich kognitive Leistungen wie Aufmerksamkeit, Gedächtnis, Vorstellungsvermögen, Abstraktion etc. Die Zusammenhänge lassen sich vergleichen mit einem Baum, der gut wächst, weil die Wurzeln weit verzweigt und fest im Boden verankert sind (basale Wahrnehmung) und der einen kräftigen Stamm hat (sensomotorische Ausdifferenzierung sowie auditive und visuelle Wahrnehmung), um die Krone mit Blättern und Früchten zu tragen (kognitive Funktionen).

Bei Kindern, bei denen die Verarbeitung und Weiterleitung von Reizen an das zentrale Nervensystem gestört ist, sprechen wir von einer Wahrnehmungsstörung. Dabei müssen organische Defekte wie Fehlsichtigkeit oder Schwerhörigkeit ausgeschlossen werden. Ebenso sollte ausgeschlossen werden, dass Schwierigkeiten deshalb auftreten, weil ein Kind wenig Bewegungserfahrung hat und daher ungeübt ist.

Um die Verhaltensweisen eines Kindes mit Wahrnehmungsstörungen zu verstehen, hilft folgendes Vorstellungsbild: „Das Kind spürt sich nicht richtig." Das heißt, sensorische Informationen werden inadäquat verarbeitet, sodass es entweder nicht zu einer angemessenen motorischen Reaktion kommt oder das Kind hierauf sehr viel Energie verwenden muss. Was andere Kinder im Laufe ihres Lernprozesses mühelos automatisieren, kostet hier weiter Anstrengung und bewusste Aufmerksamkeit, woraus sich verschiedene Schwierigkeiten ergeben können. Die Auflistung soll beim Verstehen helfen. Es geht nicht darum, Kindern mit Entwicklungsverzögerungen im Bereich Wahrnehmung und Motorik Störungen zuzuschreiben, die nicht gerechtfertigt sind.

Störungen in den basalen Wahrnehmungsbereichen

Taktile Wahrnehmung: Damit ist die Aufnahme und Weiterleitung von Sinneseindrücken über Rezeptoren der Hautoberfläche gemeint. Störungen können sich als Über- oder Unterfunktion äußern:

- besondere Empfindlichkeit oder Unterempfindlichkeit bei Berührungen
- Weinerlichkeit, Ängstlichkeit oder aber herabgesetzte Empfindlichkeit gegenüber Schmerzen (daher oft scheinbar rücksichtsloses Verhalten)
- Gefühlsausbrüche ohne nachvollziehbaren Anlass
- Zurückhaltung bei der Zusammenarbeit mit anderen Kindern
- eingeschränkte Formwahrnehmung, weshalb das Erfassen und Behalten von Mustern, Formen oder Schriftzeichen Probleme bereiten kann

Vestibuläre Wahrnehmung: Damit ist der Gleichgewichtssinn gemeint. Mit Hilfe vestibulärer Rezeptoren (diese befinden sich im Innenohr) werden die Empfindungen, die aus der Schwerkraft resultieren, sowie Lageveränderungen wahrgenommen. Damit wissen wir jederzeit, wie wir uns in Bezug zur Erdschwere befinden, ob wir uns bewegen, wie schnell wir uns bewegen und in welche Richtung wir uns bewegen. Eine Vielzahl von Zellen befindet sich als so genannte vestibuläre Kerne im Hirnstamm, wo sich auch die Schaltstellen anderer Sinneseindrücke befinden. Daher kommt der vestibulären Wahrnehmung eine fundamentale Bedeutung bei der Integration der Sinnesempfindungen zu. Störungen können sich wiederum als Über- und Unterfunktion äußern:

- empfindliches Reagieren auf Bewegungen und Lageveränderungen bzw. ein starkes Bedürfnis danach (motorische Aktivitäten, um die als unzureichend wahrgenommene vestibuläre Stimulation auszugleichen: Kippeln auf dem Stuhl, Hin- und Herschaukeln)
- Schwerkraftverunsicherung (das Gefühl, den Halt zu verlieren, unsicher sein beim Treppensteigen, Antipathie gegenüber Anhöhen)
- erhöhte Ängstlichkeit oder im Gegenteil ein zu geringes Gefahrenbewusstsein
- Probleme bei der Aufmerksamkeit und Konzentration
- Probleme bei der auditiven Wahrnehmung (z. B. bei der Lautdifferenzierung und der auditiven Merkfähigkeit)
- Schwierigkeiten beim Behalten und Wiedergeben von räumlichem und zeitlichem Nacheinander (bei mathematischen Aufgabenstellungen, beim Lesen oder Schreiben)

Kinästhetische Wahrnehmung: Damit ist die Wahrnehmung aus den Muskeln und Sehnen, aus Gelenkstellungen und -bewegungen gemeint. Störungen können bewirken:

- eine ungenaue Wahrnehmung des eigenen Körpers in seinem Bewegungsausmaß
- eine unzureichende Vorstellung vom eigenen Körper und seiner Lage im Raum
- die Beeinträchtigung einer zweckgerichteten Planung und Ausführung von Handlungsabläufen (damit kann auch das Hantieren mit Werkzeug und Stiften Schwierigkeiten bereiten)
- Probleme beim Einprägen von Bewegungsspuren (z. B. bei Schriftzeichen)
- Schwierigkeiten in der Sprachproduktion (vgl. BERGSSON/LUCKFIEL 2001, S. 86 ff.)

Weiteres

Störungen bei der Figur-Grund-Wahrnehmung: Diese kann für alle Wahrnehmungsbereiche beschrieben werden und bedeutet, dass ein Kind Schwierigkeiten hat, aus der Vielzahl der ankommenden Reize jeweils sinnvolle Informationen herauszufiltern. Diese Kinder reagieren auf Reize übermäßig stark, z. B. durch Hinsehen, Hinlaufen, starke Gefühle. Die Folgen können wiederum sein: Unkonzentriertheit, Unruhe, wenig zielgerichtetes Arbeiten, Probleme, eine Aufgabe zu Ende zu bringen.

Störungen des Muskeltonus (zu gering = hypoton, zu stark angespannt = hyperton): Kinder mit Hypotonie haben u. a. Probleme, längere Zeit aufrecht auf einem Stuhl zu sitzen. Sie klappen regelrecht in sich zusammen. Dies zu verhindern, kostet sie sehr viel Energie, daher ermüden sie schnell, was sich wiederum auf die Konzentration und Belastbarkeit auswirkt.

Kinder mit Hypertonie wirken sehr angestrengt und verspannt. Der adäquate Umgang mit Werkzeug und Materialien ist erschwert, das exakte Schreiben ist erschwert. Außerdem ermüden die Kinder durch das verkrampfte Schreiben sehr schnell. Es gibt auch Kinder, bei denen der Muskeltonus wechselt.

Dyspraxie: Praxie ist die Fähigkeit, auch ungewohnte Bewegungen sinnvoll zu planen und durchzuführen. Einigen Kindern bereitet es große Schwierigkeiten, Körper- und Raumvorstellungen in gezielte und zeitlich richtige Bewegungsabläufe zu bringen. Auch Schreibbewegungen sind ein höchst komplexer Vorgang, an dem letztendlich der gesamte Körper beteiligt ist: Muskelspannung, Nackenmuskulatur, Kopfbewegungen, Arm- und Fingerbewegungen der Schreibhand, Festhalten des Blattes durch die Nichtschreibhand.

Nicht altersgemäß entwickeltes Körperschema: Das Körperschema ist ein kognitives Konzept des eigenen Körpers – eine „innere Landkarte" – und entwickelt sich durch Empfindungen aus Haut, Sehnen, Muskeln und Gelenken wie auch durch Gleichgewichts- und Bewegungswahrnehmungen.

Bei einem nicht altersgemäß entwickelten Körperschema fällt die Orientierung am eigenen Körper schwer (rechts, links, oben, unten), ebenso wie das Gefühl für die Ausmaße des Körpers. Dadurch können Schwierigkeiten bei der Orientierung im Raum und auf der Fläche entstehen, da die klare Unterscheidung von Richtungen, Abständen, Anordnungen, Zeilen etc. nicht getroffen werden kann. Dies wiederum wirkt sich nicht nur auf schulische

Fähigkeiten wie Lesen, Schreiben, Rechnen aus, sondern auch auf die Konzentrationsfähigkeit und die Verhaltenssteuerung insgesamt.

Störungen der Lateralisation und Bilateralintegration: In diesen Fällen ist die Seitigkeit noch nicht eindeutig entwickelt, das heißt z. B. dass beide Hände abwechselnd benutzt werden und sich nicht spezialisieren können. Dies kann zu Ungenauigkeiten beim Schneiden, Zeichnen auf einer Linie, Ausmalen oder Schreiben führen. Beidhändiges Halten oder beidfüßiges Abspringen fällt schwer. Kinder mit Problemen in diesem Bereich vermeiden es außerdem oft, die Körpermittellinie zu kreuzen. Somit ist es z. B. schwierig, auf einer Zeile zu schreiben. Entweder blinzeln die Kinder stark (denn die Augen müssen ja auch die Linie überqueren), sodass die Linienführung in diesem Bereich eckig und ruckartig wird, oder die Kinder drehen ihr Arbeitsblatt so, dass das Überqueren ganz vermieden wird. Eine weitere Folge ist die so genannte einseitige Nichtbeachtung, d. h. eine Körperhälfte wird vernachlässigt. Bei den Extremitäten führt das dazu, dass z. B. die linke Hand nicht zur Unterstützung (wie das Halten des Papiers) hinzugenommen wird. Im Bereich des Gesichtsfeldes bedeutet dies, dass Dinge, die entweder rechts oder links von der Mittellinie liegen, nicht aufgenommen werden. Dies macht sich u. a. bei der Bearbeitung von Arbeitsblättern, die einen visuellen Schwerpunkt haben, erschwerend bemerkbar (vgl. hierzu BRAND 1992). Auch diese Erschwernisse kosten Energie oder wirken frustrierend.

Beobachtungsbogen zur Wahrnehmung und Motorik

Es wurden Beobachtungsaufgaben ausgewählt, die Sie im Unterricht (auch im Kunst- und Sportunterricht) leicht durchführen können. Beobachten Sie auch die Spontanmotorik des Kindes, zum Beispiel in der Pause beim Laufen, auf Klettergeräten etc. Die Aufgaben sind den Bereichen zugeordnet, über die sie am meisten aussagen. Dabei ist zu beachten, dass sich in einer komplexen Bewegungsabfolge alle Bereiche letztendlich überschneiden.

Verhaltensweise des Kindes	Beobachtungen
Taktiler Bereich	
Taktiles Empfinden: Wie verhält sich das Kind beim Hantieren mit Watte, Klebstoff, Fingerfarben? Zeigt es Abwehr oder Widerwillen? Verhält es sich unauffällig? Hat es eine starke, nahezu erregte Freude an diesen Aktivitäten?	

Verhaltensweise des Kindes	Beobachtungen
Reaktion auf Berührungsreize: Wie reagiert das Kind auf Berührungen (z. B. unabsichtlicher Art/bei Streichelgeschichten/bei beruhigendem Anfassen? Ist es empfindlich und abwehrend? Reagiert es unauffällig? Genießt es Berührungen sehr?	
Formen ohne visuelle Kontrolle ertasten: Kann das Kind mit den Händen Gegenstände mit geschlossenen Augen identifizieren? Kann es ähnliche Gegenstände unterscheiden? Gibt es einen Unterschied zwischen der linken und der rechten Hand?	
Kinästhetischer Bereich	
Bewegungsplanung: Kann das Kind vorgegebene Bewegungen nachmachen (z. B. pantomimische Bewegungen/ Bewegungen bei Mitmach- und Streichelgeschichten/Schreibbewegungen in der Luft)?	
Bewegungssequenzen: Kann das Kind eine Bewegungsabfolge nachmachen (z. B. Klatsch- und Rhythmusspiele „Spiegelbildbewegungen"/ Nachlegen von Formen)?	
Fingerkinästhesie: Kann das Kind die Finger einzeln bewegen, ohne Mitbewegungen der übrigen Finger, der anderen Hand, des Mundes? Kann es nacheinander mit jedem Finger den Daumen antippen (Hände einzeln/dann gleichzeitig)?	
Handgeschicklichkeit: Kann das Kind eine Handlung koordiniert ausführen (z. B. indem es bei Bastelaufgaben mit der einen Hand etwas festhält und mit der anderen Hand zielgerichtet hantiert)?	
Körperschema: Weiß das Kind, was oben, unten, rechts und links an seinem Körper ist? Kann es Körperteile zeigen und benennen? Kennt es die Ausdehnung seines Körpers?	

Verhaltensweise des Kindes	Beobachtungen
Raumorientierung: Kann das Kind sich im Raum orientieren? Kann es sich schnell durch den Raum bewegen, ohne anzustoßen? Schätzt es z. B. beim Hindernislaufen Abstände richtig ein?	
Orientierung auf einer Fläche: Kann das Kind die Schreibrichtung von links nach rechts einhalten? Erkennt es Zeilenabstände und hält diese ein? Kann es ein leeres Blatt in vier große Teile einteilen?	
Vestibulärer Bereich	
Vestibuläre Stimulation: Wie reagiert das Kind auf Schaukelbewegungen oder Fahrten mit dem Rollbrett? Mag es diese Aktivitäten extrem gern? Reagiert es unauffällig? Zeigt es sich ängstlich und abwehrend?	
Halte-, Stell-, Gleichgewichtsreaktionen: Kann das Kind aus verschiedenen Positionen heraus die Ausgangsposition wieder einnehmen (z. B. bei „verrückten Sitzpositionen" auf dem Stuhl)? Kann es eine Rolle vorwärts machen, indem der Kopf auf der Brust ist und die Richtung eingehalten wird? Kann es auf jeweils einem Bein stehen (mit offenen und geschlossenen Augen)? Kann es im „Seiltänzergang" über eine Linie balancieren?	
Muskeltonus: Kann das Kind eine angemessene Körperspannung aufbauen und aufrechterhalten? Wie ist der Händedruck: sehr stark/angemessen/schlapp? Wie viel Kraft wird beim Schreiben verwandt? Gibt es beim Schreiben Mitbewegungen im Gesicht?	
Augenmuskelkontrolle: Kann das Kind nur mit den Augen eine bewegte Bleistiftspitze verfolgen? Sind die Augenbewegungen geschmeidig oder ruckartig? Wehrt das Kind ab? (Aufgabe mit beiden Augen gleichzeitig, dann mit jeweils einem Auge durchführen, während das andere Auge geschlossen ist.)	

Verhaltensweise des Kindes	Beobachtungen
Ausdifferenzierung und Integration von Wahrnehmung und Motorik	
Körpermittellinie kreuzen: Überkreuzt das Kind die Körpermittellinie, z. B. bei Klatschspielen, beim Malen der liegenden Acht? Zieht es auf dem Blatt eine Diagonale von links nach rechts/von rechts nach links, ohne den Stift abzusetzen, das Blatt zu verschieben, die Hand zu wechseln?	
Bilateralintegration: Kann das Kind einen Ball beidhändig fangen, indem es beide Hände vor den Körper hält und die Handflächen parallel gegenüberhält? Kann es die Bewegung „Engel im Schnee" mit Armen und Füßen synchron und symmetrisch durchführen? Kann es Seilchenspringen und dabei mit beiden Füßen gleichzeitig abspringen?	
Lateralisation: Bevorzugt das Kind eine bestimmte Hand beim Schreiben, Malen und Schneiden? Bevorzugt es eine Hand bei pantomimischen Darstellungen wie Zähne putzen, in die Luft schreiben, etwas aufsammeln. Bevorzugt das Kind einen bestimmten Fuß beim Schießen eines Balles oder beim Treppensteigen (dies kann auch pantomimisch geschehen)?	

4 Auf Lerngruppenebene handeln

Wurden in Kapitel 3 Erklärungsmuster als Verstehensmöglichkeiten aufgezeigt, geht es nun um das konkrete Handeln auf den verschiedenen Ebenen. Generell sind Formen der Prävention und Formen der Intervention zu unterscheiden.

Prävention heißt, Schwierigkeiten bereits im Vorfeld zu begegnen und beispielsweise nicht so lange zu warten, bis sich diese als Störungen aufbauen und von Einzelnen auf Teilgruppen oder auf die Gesamtgruppe übergreifen. Damit berücksichtigen Sie das Prinzip: aktiv vorbeugen anstatt re-aktiv „hinterhinken".

Dennoch wird es immer wieder aus unterschiedlichen Gründen zu unmittelbaren Störungssituationen kommen, denen es durch geeignete Interventionen zu begegnen gilt. Naturgemäß sind die Grenzen zwischen präventivem Vorgehen und aktuellen Interventionen fließend, sodass sich auch bei dem Handlungsrepertoire Überschneidungen finden werden.

4.1 Präventiv arbeiten

Hier geht es um grundsätzliche pädagogische Prinzipien und Handlungsmöglichkeiten, die sich sowohl auf konzeptionelle Aspekte unserer Arbeit als auch auf unsere Einstellung und Grundhaltung den Kindern gegenüber beziehen.

Beziehung aufbauen und gestalten

Beziehung aufzubauen und in einem echten Kontakt zu sein, ist eine elementare Aufgabe unseres pädagogischen Handelns und gleichzeitig eine unserer größten Chancen. Gerade Kinder mit Schwierigkeiten reagieren wie Seismographen auf Zwischentöne im menschlichen Miteinander und auf die Art und Weise der Beziehungsgestaltung.

Eine gelungene Beziehung ist von Echtheit, Authentizität, Klarheit, Verlässlichkeit sowie Akzeptanz und Wertschätzung geprägt. Was sich hier so einfach liest, ist in Wirklichkeit eine große Herausforderung, denn es setzt eine innere Einstellung und Haltung voraus, schließt die Akzeptanz der eigenen Person mit ein und beinhaltet auch notwendige Grenzziehung und Widersprüchlichkeiten, die es zu klären und gegebenenfalls aufzuarbeiten gilt.

Individuelle Eigenarten akzeptieren

Das Bestreben nach Akzeptanz und Anerkennung ist ein menschliches Grundbedürfnis. Inwieweit einem Kind dieses gewährt wird, beeinflusst wiederum die Entwicklung seines Selbstkonzeptes und den Aufbau eines positiven Selbstwertgefühls. Von daher ist es von entscheidender Bedeutung, bei einem Kind Stärken und Positives wahrzunehmen und diese Akzeptanz auch zu formulieren.

Selbstwertgefühl stärken

Als Lehrperson sollte uns bewusst sein, dass jede Begegnung und jede Interaktion mit einem Kind ein Mosaiksteinchen ist, das zur Bildung seines Selbstkonzeptes und Selbstwertes beiträgt. So besteht eine unserer wichtigen Aufgaben darin, die Bedingungen und die Umgebung zu schaffen, die zur Entwicklung eines gesunden und positiven Selbstwertgefühles unserer Kinder beitragen. Dazu trägt auch unsere Sprache, genauer gesagt die Art und Weise unserer Kommunikation, bei; z. B. wie wir Informationen, Anerkennung und Kritik vermitteln. Was sich hier so einleuchtend liest, ist in der Praxis jedoch oft nicht ganz einfach: Denn die Art unseres Kontaktes, unserer Interaktion und unserer Kommunikation ist wiederum zu großen Teilen davon abhängig, wie wir uns selbst sehen und akzeptieren und wie wir die uns umgebenden Menschen akzeptieren. „Mit sich selbst zufrieden zu sein, sichert nicht nur ein befriedigendes und angenehmes Leben, sondern ein starkes Selbstwertgefühl schafft auch positive Beziehungen zu anderen. Wenn wir uns selbst schätzen, haben wir auch die Einsicht und die Fähigkeit, andere zu schätzen. Ein starkes Selbstwertgefühl ist die Grundlage für friedfertige Interaktion zwischen Menschen" (EVERETT/STEINDORF 2004, S. 101 f.).

Konkrete Möglichkeiten, um das Selbstwertgefühl von Schülerinnen und Schülern zu stärken, finden Sie in Kapitel 9.2.

Eindeutig kommunizieren

Was wir durch Worte sagen, muss zu dem, was wir durch unsere Körpersprache und Mimik ausdrücken, passen: Verbale und nonverbale Mittel
müssen kongruent sein. Wenn wir ein Kind loben, aber zugleich einen gereiz-
ten Tonfall haben oder ein missbilligendes Gesicht ziehen, senden wir eine
doppelbödige Botschaft aus, die unser Lob unglaubwürdig macht oder das
Kind verunsichert. Ebenso verbieten sich ironische und sarkastische Bemerkungen. Wichtig bei Kritik ist, dass sie geäußert wird im Sinne von: Du
bist in Ordnung, auch wenn dein Verhalten gerade nicht in Ordnung ist.

Zu einer Gruppe zusammenwachsen

Eine tragfähige Gruppe zeichnet sich durch folgende Merkmale aus: Die
Gruppenmitglieder verstehen und akzeptieren sich; die Kommunikation ist
offen. Die Mitglieder fühlen sich für ihr Lernen und Verhalten verantwortlich und kooperieren miteinander. Um Entscheidungen zu treffen, gibt es
festgelegte Verhaltensregeln, wobei die Mitglieder gleichzeitig fähig sind,
sich offen mit Problemen auseinanderzusetzen und ihre Konflikte auf konstruktive Weise miteinander zu lösen. Dies alles entsteht nicht von allein,
sondern muss sich entwickeln und muss entwickelt werden, denn eine Klasse besteht zunächst aus vielen Individuen, die es sich nicht ausgesucht haben, miteinander den Schulvormittag zu verbringen. Bei dem Prozess der
Gruppenentwicklung kommt der Gruppenleitung – in den meisten Fällen
also der Klassenleitung – eine entscheidende Rolle zu: Sie fördert und unterstützt die Gruppenentwicklung, indem sie Probleme und Schwierigkeiten
versteht sowie Geschick und Geduld in schwierigen Phasen zeigt; indem sie
eine akzeptierende Grundhaltung und Wertschätzung zeigt sowie gleichzeitig Vorbild durch ihr eigenes Verhalten ist (vgl. STANFORD 2002, S. 13 ff.).

Verhaltensregeln und Konsequenzen präzise festlegen

Um sich angemessen verhalten zu können, müssen die Verhaltens-Spielre-
geln bekannt sein. Je präziser und eindeutiger diese aufgestellt werden,
desto leichter fällt die Orientierung. Gleichzeitig sollte vorhersagbar sein,
was als Folge einer Regelverletzung geschieht.

Die Regeln sollten gut sichtbar an zentraler Stelle präsentiert sein und
von Zeit zu Zeit auf ihre Relevanz und Aktualität überprüft werden. Unsere
Empfehlung: von direktiven Vorgaben allmählich zu kooperativer Verhand-
lung über Verhaltensänderungen zu gelangen.

Regeln für die Einführung von Regeln

Eine Regel muss konkret, situationsbezogen und verhaltensnah formuliert sein. Sie sollte leicht umsetzbar sein, sich auf ein zeitlich abgrenzbares Verhalten beziehen und wiederholt auftreten (vgl. PETERMANN u.a. 1999, S. 47). Dabei sollte sie positiv formuliert sein – also sagen, was zu tun ist, und nicht sagen, was man lassen soll. Zudem ist hier weniger mehr: also wenige Regeln einführen. Wenn eine dieser Regeln gut eingehalten wird, kann sie durch eine andere ersetzt werden. Das heißt, dass Regellisten nicht statisch sind, sondern immer wieder aktualisiert werden. Wenn man die Kinder und sich selbst diesbezüglich nicht überfordert, hat man eher ein Erfolgserlebnis.

Zusätzlich kann es sinnvoll sein, gemeinsam mit dem Kind individuelle Regeln – eventuell für einen begrenzten Zeitraum – zu erstellen. Hierzu ist es günstig, sich der Hilfe des Kindes zu bedienen, denn Kinder können sich selbst und auch einander meist recht gut einschätzen. Zudem ist alles viel wirkungsvoller und einsichtiger, wenn man selbst oder die Gruppe beteiligt ist. In Kapitel 9 finden Sie Einschätzbögen (Ich helfe mir selbst. Wir helfen uns.). Dass dies in vertrauensvoller und wertschätzender Atmosphäre geschieht, versteht sich von selbst. Aus den noch zu übenden Nennungen kann dann eine ausgewählt werden, die auf einem auf den Tisch geklebten Bild oder Satz oder auf einem Stein festgehalten wird.

Prinzipien der Unterrichtsplanung und -gestaltung

Generell ist festzustellen, dass es allen Kindern, gerade aber auch Kindern mit besonderen Schwierigkeiten, erheblich leichter fällt, sich angemessen zu verhalten, wenn sie sich einerseits akzeptiert und anerkannt fühlen, wenn sie aber auch genau wissen, was auf sie zukommt und was von ihnen erwartet wird. Klare Strukturen und wiederkehrende Orientierungshilfen sind wichtige Bestandteile der Unterrichtsgestaltung.

Ritualisierte Abläufe: Rituale signalisieren Verlässlichkeit sowie Sicherheit und helfen bei der Orientierung, da sie automatisierte Abläufe darstellen.

Beispiele:
- Morgenkreis, Begrüßungsritual, Verabschiedungsritual
- stets gleicher Unterrichtsbeginn (Datum anschreiben, Hausaufgabenkontrolle, Tagesplan besprechen)

- Lied zu Anfang einer Stunde, ritualisierte Bewegungspausen (Fenster auf, möglichst gleiche Übungen durchführen)
- Ruherituale („Kopf auf den Tisch, erst dann langsam den Kopf heben, wenn nichts mehr von der Triangel zu hören ist …")
- ritualisierte Konfliktgespräche und -lösungen (z. B. nach folgendem Setting: sich in den Stuhlkreis setzen, Gesprächsstein bereitlegen, Gesprächsregeln in die Mitte des Kreises legen, jeden der Streitenden erzählen lassen, die Gruppe nach Lösungen befragen, die Kontrahenten nach ihrem Einverständnis fragen, das „Kriegsbeil" begraben (vgl. ausführlich dazu Kapitel 9.3)

Überblick über das zu Erwartende geben: Durch das Bekanntmachen beispielsweise eines Tagesplanes, wo auch Abweichungen vom Gewohnten thematisiert werden, lassen sich metakognitive Strategien aktivieren, die eine Verhaltenssteuerung eher ermöglichen, als wenn das Kind von einer Situation überrascht wird („Gleich muss ich aufpassen, da kommt das Diktat, für das ich schon extra geübt habe", „Heute Mittag darf ich nicht enttäuscht sein, weil die Fußball AG ausfällt, da verabrede ich mich lieber für heute Nachmittag zum Fußballspielen").

Beispiele:
- einen Tagesplan (Wochenplan) anschreiben, Veränderungen rechtzeitig bekannt geben
- einen Stundenverlauf in Stichworten anschreiben oder mit verabredeten Symbolen visualisieren
- kommende Themen (z. B. im Sachunterricht) langfristig bekannt geben
- Stationen vor der eigentlichen Bearbeitung aufbauen und Gelegenheit geben, sich diese anzuschauen und Fragen dazu zu stellen

Mit nonverbalen Signalen arbeiten: Optische oder akustische Signale stellen im Gegensatz zu gesprochener Sprache (auf die aufgrund der allgemeinen Reizüberflutung kaum noch einer achtet) einen prägnanten Input dar, wobei das Fokussieren der Aufmerksamkeit durch die Wahl verschiedener Eingangskanäle erleichtert wird.

Beispiele:
- Bildkarten für verschiedene Unterrichtsaktivitäten einsetzen
- mit Piktogrammen Stadium des Unterrichts anzeigen
- Piktogramme für benötigtes Material verwenden
- Stopp-Zeichen bei sich anbahnenden Überreaktionen zeigen

- erst mit einer gelben Karte, dann einer roten Verstöße signalisieren
- Triangel als Zeichen zur Beendigung einer Phase erklingen lassen
- Glöckchen als Signal läuten, damit die Gruppe wieder ruhiger wird
- dem Plätschern des Regenrohres als Ruheritual lauschen lassen
- einen Gesprächsstein oder sonstigen Gegenstand verwenden, um auf die Einhaltung von Gesprächsregeln zu achten
- einen grünen Punkt auf ein Arbeitsblatt kleben (bis hierhin arbeiten, ohne aufzusehen)
- eine Uhr sichtbar aufhängen (so lange dauert die stille Arbeitsphase)

Rhythmisierung: Sie dient als Hilfestellung, um das eigene Verhalten, den Energieeinsatz und die Arbeitsweise zu kontrollieren. Sie sollten Elemente der Rhythmisierung gezielt und dosiert einsetzen (ein Zuviel kann kontraproduktiv sein) und die einzelnen Phasen klar voneinander trennen. Dabei sind Rituale, Signale und Vereinbarungen Steuerungshilfen, um z.B. Übergänge von einer Phase zur anderen zu gestalten.

Beispiele:
- Wechsel von Anspannung und Entspannung durch Bewegungspausen ermöglichen
- kleine Spiele zwischendurch anbieten
- Entspannungsmusik hören, mit Wachsmalkreiden zur Musik malen
- abwechselnde Aktivitäten anbieten (malen, schneiden, kneten, lesen, schreiben, miteinander sprechen etc.)
- einen gezielten Perspektivwechsel vornehmen (Wechseln der Arbeitsposition, z.B. etwas im Liegen oder großflächig an die Tafel malen, beim Aufsagen eines Textes hin- und herwandern, Wechsel der Position der Lehrperson im Raum, damit die Kinder die Stimme aus einer anderen Richtung wahrnehmen und ihre Blickrichtung ändern)
- wechselnde Interaktionsformen einsetzen: Einzelarbeit, Partnerarbeit, Gruppenarbeit, Plenum

Störungen den Vorrang geben: Das ist nur scheinbar ein Zeit- und Energieverlust. Das von RUTH C. COHN aufgestellte Postulat „Störungen haben Vorrang" bedeutet nicht, dass jeder zu jeder Zeit jedes Bedürfnis befriedigen kann. Es bedeutet im Unterricht: Wenn ein Kind, die Lehrperson oder die Klasse dem Unterrichtsgeschehen nicht mehr folgen kann (unter der Option, dass alle das eigentlich wollen), ist diese Störung so weit aufzugreifen, dass alle wieder arbeitsfähig sind. Ich kann auch versuchen, Störungen im Vorfeld auszuräumen (siehe erstes Beispiel).

Beispiele:
- den Bedürfnissen nach Austausch (z.B. nach den Ferien, dem Wochenende, einem aufregenden Ereignis) Zeit und Raum geben
- Grundbedürfnisse befriedigen: Wenn ein Kind traurig, frustriert, albern, glücklich, verliebt, hungrig, müde, nervös, gelangweilt ist, vermitteln wir (die Mitschüler und ich) ihm zunächst, dass das okay ist. Wir schauen gemeinsam, was wir tun (klären, trösten, mitlachen, zuhören, Knäckebrot mit Nutella geben, beruhigen, Unterricht umstellen).
- individuelle Anliegen akzeptieren: z.B. wenn ein Kind sein Blatt einheften will und den Ordner nicht findet. Es kann sich auf ein „Räum es einfach weg" nicht einlassen. Ich erkenne sein Anliegen an und warte oder helfe beim Suchen.

Integrierte Bewegung im Unterrichtsgeschehen: Das baut Unruhe ab und dient als Lernhilfe, um Konzentration und Aufmerksamkeit aufrechtzuerhalten. Gleichzeitig gilt auch hier wieder: Durch das Aktivieren verschiedener Sinnesmodalitäten (Bewegungssinn verknüpft mit Fühlen, Hören, Sehen) lassen sich Lerninhalte gedächtnismäßig erheblich umfassender verankern, als wenn nur eine Sinnesmodalität angesprochen wird.

Beispiele:
- Arbeitsblätter von verschiedenen (allerdings verabredeten und nicht ständig wechselnden) Stellen im Raum abholen lassen
- Kontrollblätter an definierten Stellen auslegen
- zur Tafel hüpfen lassen anstatt zu gehen
- Plusaufgaben durch Seilchenspringen stellen (Virginia springt 12-mal, Sabrina 21-mal, Daniel 8-mal, wie lautet die Summe? etc.)
- Kopfrechnen- oder Buchstabierwettbewerb mit Laufbüchsen: Jeweils zwei leistungsähnliche Kinder stellen sich mit Laufbüchsen am Start auf. Wer die Aufgabe zuerst löst, darf einen Schritt in Richtung Ziel machen.
- Buchstaben mit Tesakrepp auf den Fußboden kleben und nachlaufen lassen
- Kinder zum Vorlesen aufstehen lassen
- Laufdiktate

Bewegtes Sitzen: Das steigert die Konzentration, weil hierbei Gelenkstellungen variieren und nicht ständig die gleichen Muskelgruppen beansprucht werden. Bei Kindern mit Störungen in Wahrnehmung und Motorik zeigen sich z.B. sehr häufig Auffälligkeiten im Muskeltonus. Gerade hypotone Kinder benötigen sehr viel Energie, eine aufrechte Sitzposition einzuhalten.

Diese Energie fehlt wiederum bei der Konzentration auf andere Tätigkeiten.

Beispiele:
- auf dem Stuhl knien
- den Stuhl herumdrehen und sich rittlings setzen
- sich mit seitlicher Rückenlehne hinsetzen, als Spiel zwischendurch: verrückte Sitzpositionen ausprobieren lassen, auf einem Sitzball, luftgefüllten Sitzkissen oder Ähnlichem sitzen, andere Sitzgelegenheiten in der Klasse bereitstellen (Hocker, große Rolle, Drehstuhl, großes Reiskissen). Achtung bei Kindern, die eine vestibuläre Überempfindlichkeit haben und als Folge dessen diese Form der Bewegung nicht gut vertragen!

Lernen mit allen Sinnen: Das bedeutet, Informationen auf mehreren Eingangskanälen zu übermitteln. Dies entspricht dem Bedürfnis nach erhöhter Stimulation, das gerade bei Kindern mit Wahrnehmungsstörungen ausgeprägt ist. Es ist aufgrund unserer neurologischen Organisation leichter, Informationen zu speichern und gedächtnismäßig wieder abzurufen, wenn diese als Verknüpfung verschiedener Sinnesreize angeboten werden.

Zusätzliche Reize: Sie können ebenfalls unterstützend wirken, die Aufmerksamkeit und Konzentration aufrechtzuerhalten oder zu erhöhen. Auch hier wird dem Bedürfnis nach zusätzlicher Stimulation gezielt Rechnung getragen (Überstimulation vermeiden).

Beispiele:
- Hören ruhiger Musik beim Abschreiben
- Kaugummikauen beim Rechnen
- Einsatz von farbstarkem Papier bei Rechtschreibübungen
- Kritzeleien während des aufmerksamen Zuhörens

Stimulation durch gezielte basale Reize: Sie helfen bei der Organisation der Wahrnehmung, indem sie die Stellen unseres Nervensystems aktivieren, die für unseren „Wachheitsgrad" zuständig sind. Dies geschieht im Stammhirn. Auch hier gilt das Prinzip: Überstimulation vermeiden.

Beispiele:
- Klopf- oder Streichelmassage anbieten; dies kann – in eine Geschichte eingebettet – für die ganze Klasse erfolgen (vgl. Lars, der kleine Eisbär, Kapitel 9.7)

- mit Igelbällen massieren (dies können auch andere Kinder übernehmen)
- auf einem Sitzball sitzen (dies nehmen alle Kinder zwischendurch gerne in Anspruch)
- eine Runde mit dem Rollbrett fahren lassen
- Übungen auf dem Balancierkreisel ausdenken lassen

Gestaltung der Lernumgebung

Manche Klassenraumgestaltungen sind gut gemeint und strahlen vermeintlich Gemütlichkeit aus, wirken aber bei genauerem Hinsehen unruhig und weisen nur wenige Konturen auf, anstatt ein konzeptionelles Gesamtbild zu ergeben.

> Da steht ein Sofa in der Ecke, von dem eine kunterbunte Decke halb herabhängt. Daneben befindet sich ein Regal, das von Zeitungspapierstapeln und Tonpapierresten überquillt, dahinter liegen Bücher, Farbkästen, Stifte, Scheren. Die Lesebücher liegen im Regal hinten links, die dazugehörigen Arbeitshefte auf der vorderen Fensterbank und die Deutschmappen auf dem Lehrerpult. Wortkarten von der vorletzten Unterrichtsreihe hängen neben einem Regelplakat und einem Poster von einem zurückliegenden Lesewettbewerb. Einige getrocknete Herbstblätter kleben am Fenster, vor dem die Lichterkette die Weihnachtszeit anzeigt.

Was sich hier vielleicht überzeichnet liest, ist dennoch eine selbstkritische Betrachtung wert. Betrachten Sie daher Ihren Klassenraum unter diesen Gesichtspunkten: Welche Atmosphäre strahlt er aus? Zu welchen Arbeitsformen regt er an? Welche Ordnungsprinzipien werden den Kindern vermittelt?

Alle Kinder und besonders diejenigen, die Schwierigkeiten haben, eine innere Ordnung zu finden oder Ordnungsprinzipien (Mechanismen der Eigensteuerung) für eine gewisse Zeit aufrechtzuerhalten, benötigen als Orientierungshilfe eine deutlich erkennbare äußere Struktur. Bei der Gestaltung einer adäquaten Lernumgebung spielen mehrere Prinzipien eine Rolle:

Die Dinge haben ihren festen Platz.
Orientierung ermöglichen und Sicherheit geben!
Das Auge ruht sich aus.
Reizüberflutung vermeiden!

Die Klasse ist in Bereiche unterteilt.
Verschiedene Aktivitäten und Lernmöglichkeiten
berücksichtigen!
In unserer Klasse fühle ich mich wohl.
Akzeptanz verdeutlichen!

Was Sie im Einzelnen tun können:

- **Funktions- und Arbeitsbereiche klar abtrennen:** Dies kann durch Regale geschehen, durch Teppiche, durch farbiges Klebeband auf dem Fußboden oder Piktogramme auf farbstarkem Papier.
- **Farben den Fächern zuordnen:** Das bedeutet, dass Ordnungsmappen, Lernplakate, Beschriftungen etc. z. B. für das Fach Mathematik immer in Gelb gewählt werden.
- **Konstante Ordnungsprinzipien einhalten:** Kontrollblätter liegen z. B. an einer bestimmten Stelle auf der Fensterbank, Arbeitsblätter liegen auf dem Ablagetisch bereit, Behälter für Scheren, Stifte, Klebstoff etc. sind mit prägnanten (große, klare Schrift) Etiketten gekennzeichnet und haben im Regal ihren festen Platz.
- **Rückzugsmöglichkeiten schaffen:** eine Kuschelecke, eine Leseecke, eine Ecke, in der Konzentrationsspiele gemacht werden können, ohne die Gesamtklasse im Blick zu haben. Dabei ist zu überlegen, wie man den Flur mit einbeziehen kann (Absprachen mit den Schülerinnen und Schülern, aber auch mit dem Kollegium dafür treffen).
- **Ruhezonen für das Auge schaffen:** Die Werke der Kinder werden nach bestimmten Ordnungsprinzipien aufgehängt (z. B. gleicher Hintergrund, gleicher Abstand, gleiche Höhe etc.). Reizüberflutung vermeiden; darauf achten, worauf der Blick fällt; ablenkende Dinge wie Mobiles im hinteren Klassenbereich aufhängen, jeweils nur aktuelle Unterrichtsdokumentationen präsentieren; die fortlaufenden Produkte werden in Mappen oder Stehordnern gesammelt, um sie beispielsweise den Eltern beim Elternsprechtag mitzugeben.
- **Sitzmöbel passend zur Größe des Kindes wählen**, aber auch entsprechend für dessen Bedürfnisse: Die Füße sollten nicht in der Luft baumeln (ggf. einen Fußhocker benutzen), umgekehrt sollten Tisch und Stühle nicht zu klein sein. Sitzkissen oder Sitzball nach Bedarf einsetzen (Regeln für den Gebrauch aufstellen und auf Einhaltung achten).
- **Alternativen zu Sitzmöbeln bereithalten:** Manche Kinder genießen es, zum Beispiel auf dem Fußboden zu arbeiten. Praktisch sind Gymnastikmatten, die man schnell auf- und wieder einrollen kann, oder Decken, die bei Nichtgebrauch zusammengefaltet und anders als Teppiche gewaschen werden können.

- **„Schuhe aus im Klassenraum":** Dieses Prinzip erweist sich als förder-
lich, wenn viele Tätigkeiten auf dem Boden stattfinden und der Boden
nicht durch Sand, Steinchen etc. verschmutzt sein soll. Wichtig ist es, einen festen Platz für die Schuhe zu haben, z. B. ein Schuhregal direkt am
Eingang des Klassenraumes.
- **Akzeptanz vermitteln** durch eine altersgerechte Gestaltung des Klassenraumes, bei dem dennoch die Ordnungsprinzipien umgesetzt sind.

Kurz zusammengefasst, so sollte es sein:
- farbig, aber nicht kunterbunt,
- anregungsreich, aber nicht reizüberflutend,
- klar und aufgeräumt, aber nicht steril,
- persönlich, aber nicht beliebig.

4.2 Akuten Störungen begegnen

Gerade bei akuten Störungen müssen Sie achtsam sein und überlegt handeln. Dies können Sie umso besser tun, je mehr Sie sich über die Situation
und auch über Ihre momentan ablaufenden Reaktionen klar werden. Treten
Sie innerlich einen Schritt zurück oder betrachten Sie das Geschehen aus
der Vogelperspektive. Dadurch schaffen Sie Distanz zwischen sich und der
Situation und erhöhen die Chance zu einem überlegten, souveränen Handeln.

Grenzen setzen: Hierbei sollten Sie beachten: Handeln Sie nicht aus persönlicher Verärgerung oder Verletztheit, sondern bleiben Sie „distanziert".
Dies gelingt umso besser, wenn Sie Grenzen rechtzeitig, freundlich, aber
bestimmt ziehen und nicht erst dann, wenn sich die Situation kaum noch
kontrollieren lässt (vgl. BERGSSON/LUCKFIEL 2001, S. 68 ff.). Sorgen Sie bei
einem hochgeschraubten Konflikt für Deeskalation, auch wenn professio-
nelle Distanz dann oft sehr schwer ist.

Blickkontakt: Hierdurch können Sie ohne Worte signalisieren: Ich sehe
dich, ich beobachte dich. Aber auch: Ich be-achte dich. Du bist mir wichtig.

Weitere Zeichen geben: Durch optische oder akustische Zeichen können
Sie unter Umständen die Steuerungsfähigkeit aufrechterhalten oder wieder
herstellen. Gerade Kinder mit Wahrnehmungsstörungen haben Schwierigkeiten bei der Verarbeitung gesprochener Sprache. Ein optisches Zei-

chen – wie eine vereinbarte Geste oder ein Piktogramm – hilft, dieses Problem zu umgehen.

Sie erinnern sich bestimmt an Sascha (s. oben): Aus der Pause kommend, vergisst er jedes Mal, seine Jacke auszuziehen. Eine Erinnerung oder Ermahnung („Sascha, zieh die Jacke aus!") scheint ihn gar nicht zu erreichen. Eine prägnante Geste führt sofort zur gewünschten Reaktion.

Ignorieren: Bewusstes Übersehen oder Überhören kann in manchen Fällen sinnvoll sein, einen Konflikt zu entschärfen. Das absichtliche Ignorieren erfordert ein Gespür dafür, bei welchem Verhalten man besser eingreift oder welches Verhalten man besser ignoriert, weil es so schneller endet.

Appellieren: Der Appell richtet sich an die Vernunft, an die Notwendigkeit, im Unterricht mitzumachen, etc. Ein authentischer Appell kann auch so aussehen: „Ich brauche jetzt deine Hilfe/Unterstützung, damit nicht alles schiefgeht ..."

Sich nähern: Durch Ihre körperliche Nähe setzten Sie ein Signal, das zur Beruhigung und zum Wiedererlangen der Steuerungsmöglichkeit beitragen kann.

Berühren: Um sich dieses Mittels zu bedienen, brauchen Sie ein auf Vertrauen und Zuneigung gegründetes Verhältnis zur Schülerin oder zum Schüler. Berührungen, z. B. am Arm oder an der Schulter können der Beruhigung dienen und dazu verhelfen, dass das Kind sich wieder adäquat spürt. Beachten Sie auf jeden Fall Tabuzonen des Körpers. Hilfreich kann es auch sein, wenn eine Freundin/ein Freund des jeweiligen Kindes diese Aufgabe übernimmt (z. B. Schulter streicheln, den Rücken mit einem Igelball massieren).

Versprechen – Belohnen: Sie sollten in jedem Fall prüfen, ob das gewünschte Verhalten genügend konkretisiert und ob die Zeitspanne zwischen Versprechen und Belohnung überschaubar ist. Dabei gibt es natürlich Unterschiede in den Alters- und Entwicklungsstufen.

Humor: Der kann helfen, Provokationen die Spitze zu nehmen. Damit signalisieren Sie einerseits Authentizität und Souveränität und helfen andererseits sich und dem Kind, eine Situation, die sich hochschaukelt, entspannt zu deuten.

Pascal schaut ziemlich grimmig drein. Als dann auch noch die ungeliebten Einmaleinsübungen angekündigt werden, beginnt er zu „stänkern". Auf Ihre Appelle lässt er sich nicht ein, im Gegenteil: es scheint auf einen Machtkampf hinauszulaufen. Vorausgesetzt, die Beziehungsebene stimmt, können Sie in einer derartigen Situation einmal das Spiel „Wer zuerst lacht" vorschlagen. Sie schauen sich beide möglicht ernst (wütend, grimmig, böse) an. Wer zuerst lacht, hat „verloren".

Umstrukturieren: Damit geben Sie eine Tätigkeit oder situative Struktur auf, die unzulänglich wird, weil die Belastungsgrenze eines Kindes oder der gesamten Gruppe erreicht ist; z.B. lassen Sie stattdessen eine Pause machen, ruhige Musik hören, dazu Mandalas malen oder eine Runde über den Schulhof laufen etc. Auch Humor kann eine Situation umdeuten.

Umgruppierungen: Diese können Sie durch Platzwechsel oder durch Neuzusammenstellung von Lern- oder Aktionsgruppen vornehmen.

Herausnehmen (Time out): Dies sollten Sie nicht als Strafe oder Rache (Hinauswerfen) deklarieren, sondern als Hilfe oder aber auch Schutz der Gruppe: „Zwei Minuten beruhigen", „Zwei Minuten Luft holen". Dabei sollten Aufsichtsfragen geklärt sein, z.B. indem die Klassentür geöffnet bleibt.

Konsequenzen aufzeigen: Diese sollten möglichst in einem logischen Zusammenhang zum „Vergehen" stehen und unbedingt eingehalten werden. Gleichzeitig ist es wichtig, einen Verhandlungsspielraum zu lassen und sich nicht „automatenhaft" oder rigide zu verhalten.

Vorgehen nach den Grundsätzen der Verhaltensmodifikation: Hierbei handelt es sich um eine sehr kontrovers diskutierte Intervention, die dennoch im Schulalltag in unterschiedlicher Weise immer wieder eingesetzt wird. Wir vertreten die Auffassung, dass es in schwierigen Situationen durchaus eine – zeitlich begrenzte – Berechtigung geben kann, mit Verhaltensmodifikation zu arbeiten, dass das Vorgehen aber auf jeden Fall sachlich richtig erfolgen soll. Daher stellen wir kurz die Grundsätze dar: Es gibt zwei Möglichkeiten: *Verstärkung* (das erwünschte Verhalten wird durch eine angenehme Konsequenz verstärkt) oder *Bestrafung* (das ungewünschte Verhalten soll durch eine unangenehme Konsequenz abgestellt werden). Ohne die Diskussion um das Für und Wider von Bestrafung zu vertiefen (vgl. PALMOWSKI 1996, S. 131 ff.), ist festzuhalten, dass aus lernpsychologischer

Sicht die Verstärkung effektiver ist, da erfolgreiches menschliches Verhalten mit einer Ausschüttung von Glückshormonen verbunden ist. Gleichwohl wird aus unterschiedlichen Gründen im schulischen Alltag sanktioniert. Unerlässlich ist in jedem Fall, dass das erwünschte Verhalten möglichst präzise und möglichst realistisch, d. h. für die Kinder auch erreichbar, formuliert wird.

Eine Verstärkung funktioniert folgendermaßen: Wenn das Kind das gewünschte Verhalten zeigt, bekommt es ein positives Signal in Form eines Eintauschverstärkers oder so genannten Tokens (Sternchen, Herzchen, „Taler"). Diese Token werden nach einem bestimmten System eingetauscht. Es gibt materielle Verstärker (aus einer „Schatzkiste" eine Kleinigkeit auswählen), soziale Verstärker (eine positive Nachricht an die Eltern) sowie Aktivitätsverstärker (wie z. B. gemeinsames Plätzchenbacken). Bei einer Bestrafung kann man so vorgehen: Wenn das Kind gegen das erwünschte Verhalten verstößt, bekommt es ein negativ besetztes Signal in Form eines Token (Strich, ☹). Nach einem bestimmten System folgt dann die als unangenehm empfundene Konsequenz (Zusatzarbeiten, Klassendienste). Für den Einsatz von Token gilt:

- Der Eintauschwert der Token sollte bekannt sein.
- Sättigungseffekte werden durch eine größere Zahl verschiedener Token vermieden. Dadurch können sie auch individuell abgestimmt werden.
- Die Verteilung der Token sollte immer mit Lob, Zuwendung verbunden werden.
- Insgesamt muss dieses Vorgehen mit anderen Verfahren gekoppelt werden (Modellvorgabe, verbale Instruktion, gemeinsame Reflexionen über Fortschritte).
- Die Zeitspanne zwischen der Ausgabe des Tokens und der Endverstärkung sollte immer mehr ausgedehnt werden.
- Die weitere Berechtigung muss immer wieder überprüft werden. Das Ziel ist, sich allmählich aus dem Vorgehen „auszuschleichen".

5 Aufgrund von Ursachen- vermutungen handeln

Im vorherigen Kapitel wurden allgemeine Handlungsmöglichkeiten auf Lerngruppenebene aufgezeigt, die dazu dienen, eine konstruktive Lernatmosphäre zu schaffen oder nach Störungen wiederherzustellen. Einige Kinder brauchen – aufgrund begründeter Ursachenvermutungen – darüber hinaus weitere gezielte Angebote. Dies geschieht vor dem Hintergrund folgender Annahmen:

> Kinder mit Schwierigkeiten werden nicht als defizitär betrachtet, um behandelt werden zu müssen. Sie sind vielmehr als Gesamtpersönlichkeiten zu achten, die als „Experten" für sich selbst oft am besten sprechen können, ob und wie sie in ihrer persönlichen Entwicklung unterstützt werden wollen.

5.1 Die soziale Wahrnehmung schulen

Wenn es in Klassen immer wieder zu Störungen des Unterrichtsablaufs kommt, gerade weil viele Kinder in Bezug auf ihr soziales Verhalten Unterstützung brauchen, bedarf es viel Zeit und Energie, um zu mahnen, zu klären, zu schlichten. Diese Zeit ist wesentlich effektiver genutzt, wenn man solche Störungen durch gezielte Übungen im Vorfeld verhindert oder zumindest vermindert. Letztendlich profitieren alle Kinder davon. Auch wenn dies einleuchtet, fragen Sie vielleicht dennoch skeptisch: „So weit so gut. Aber wann und wie soll ich das machen, ich muss doch meine Fächer unterrichten?" Organisatorisch lässt sich dieser Aspekt unterschiedlich in den Schulalltag integrieren: in eine Reihe im Sachunterricht über „Ich und meine Schulklasse" – verknüpft mit Sprache, Kunst, Musik und Sport; eine (klasseninterne) Projektwoche zum Thema „Jeder Mensch ist anders"; jeweils eine Doppelstunde zu Beginn und zum Ende der Woche zum Thema „Wie gehen wir miteinander um". Inhaltlich gibt es zu diesem Bereich verschiedene strukturierte Trainingsprogramme, beispielsweise von PETER-

MANN u. a. (1999). Es ist jedoch auch sehr ertragreich, Elemente daraus im Unterricht zu verwenden. Wichtig bei allen Übungen ist es, den Kindern die Intention zu erklären und diese mit einer Reflexion durch die Kinder abzuschließen.

Wozu Sie die Kinder anregen können

Ich höre und sehe genau hin! Die präzise Beobachtung anderer bedarf der Anleitung und Übung. Kinder sind häufig sehr mit sich selbst beschäftigt und denken nicht automatisch daran, auch ihre Umgebung und die sie umgebenden Menschen mit in den Blick zu nehmen. Dies kann insgesamt durch Spiele zur Aufmerksamkeitsschulung geschehen: Veränderungsspiele (z. B. Kind A verlässt die Gruppe; zwei andere Kinder tauschen etwas von ihrer Kleidung oder ihren Accessoires; Kind A muss es herausfinden), Stimmen oder Geräusche mit verbundenen Augen erkennen, einen tickenden Wecker im Klassenraum finden etc.

Wer bin ich? Wie bin ich? Je nach Altersstufe gehören hierzu alle Übungen, in denen die Kinder sich mit ihrer Person beschäftigen. Dazu können Vorlieben und Abneigungen, Stärken und Schwächen, Wünsche und Ängste gehören. Die Auseinandersetzung mit dem Äußeren ist ebenso wichtig wie die Entwicklung eines sicheren Körpergefühls. Die Kinder sollen erfahren, dass jeder von ihnen Stärken und auch Schwächen hat.

Ich habe unterschiedliche Gefühle. Die Auseinandersetzung mit den Gefühlen folgt dem Dreischritt: Gefühle bemerken – Gefühle verstehen – Gefühle benennen. Eine große Schwierigkeit im sozialen Umgang ergibt sich dadurch (besonders auch für Kinder, die ängstlich sind oder sich aggressiv verhalten), dass manche die eigenen oder die Gefühle anderer falsch deuten und somit Absichten unterstellen, die anders gemeint waren. Diese Übungen lenken das Augenmerk der Kinder auf die Interpretation von Gefühlen.

Ich versetze mich in andere hinein. Hier sollen die Kinder Folgendes lernen: Wenn ich mich in jemanden hineinvorsetzen kann, bin ich in der Lage besser einzuschätzen, was mein Verhalten bei dem anderen bewirken wird. Lassen Sie beispielsweise die Kinder einmal die Rollen tauschen (deutlich gemacht durch eine Requisite), Geschichten aus einer anderer Perspektive schreiben oder erzählen (z. B. Märchen aus der Sicht eines anderen Protagonisten erzählen, Märchen in die heutige Zeit übertragen; vgl. auch Geschichte von Django in Kapitel 2.1) oder Satzanfänge beenden: „Ich als ..."

Ich kooperiere mit anderen: Zum gewinnbringenden Kooperieren gehört: sich einigen, sich absprechen, sich an gemeinsame Regeln halten, etwas teilen.

Sie können Kinder in der sozialen Wahrnehmung auch wie folgt unterstützen:

- **Elementare Beziehungen aufbauen und pflegen:** Sich einmal besonders viel Zeit nehmen, Gespräche führen, Interesse zeigen, positive Signale senden, dabei besonders auf die eigene Körpersprache achten: „Du bist in Ordnung, auch wenn dein Verhalten zur Zeit nicht okay ist."
- **An den Stärken anknüpfen:** Diese unbedingt hervorheben und aufbauen; Expertenrolle für solche Stärken zuweisen: dabei allmählich die Rolle als „Klassenclown, Störenfried" abbauen. Man kann den Schülerinnen und Schülern Namen geben und diese im Unterricht verwenden („Marc, du bist doch unser Technikexperte, kannst du mir mal helfen", „Sascha, unser starker Mann"). Dies stärkt wiederum das Selbstvertrauen und stiftet ein Stück Identität innerhalb der Klassengemeinschaft.
- **Differenzierte Aufgabenstellung anbieten:** Aufgaben, die zu leisten sind, ohne dass eine exponierte Stellung entsteht, z. B. indem die individuellen Fähigkeiten, Hobbys oder Vorlieben miteinbezogen werden. (Jemand malt gut oder schreibt besonders schön, hat viel Phantasie; hat persönliche Vorkenntnisse, weil sie oder er aus dem Land kommt, das gerade Unterrichtsthema ist.)
- **Realistische Selbsteinschätzung anbahnen:** z. B. durch Spiegeln („Du hast gesagt: Alles ganz einfach, jetzt sehe ich hier drei Striche auf dem Blatt") oder durch geleitete Reflexionsgespräche („Welche Aufgaben hast du deiner Meinung nach in dieser Stunde besonders gut bewältigt ...? Wobei gab es Schwierigkeiten?").
- **Grenzen akzeptieren helfen:** Auf der Grundlage einer vertrauensvollen positiven Beziehung können Sie eine Konsequenz aufzeigen oder eine Verstärkung in Aussicht stellen – bei weiterhin adäquatem Verhalten.
- **Metakommunikation bei Irritationen, Missverständnissen oder Unklarheiten:** Diese sollte echt und keinesfalls ironisch sein: „Tamara, ich bin jetzt durcheinandergekommen, was hatten wir denn gerade vereinbart?", „Meiner Meinung nach ist das so und so, aber wie hast du das verstanden?"

5.2 Mit Aggressionen umgehen

Aggressives Verhalten führt zu schulischen Störungen, bei denen unmittelbares Eingreifen meist erforderlich sowie schnelles und professionelles Handeln nötig ist. Dies gelingt umso effektiver, wenn Sie vorab zu den folgenden grundlegenden Einstellungen finden:

- Seien (werden) Sie sich ihrer eigenen Ängste und Unsicherheiten bewusst, damit Sie durch das Verhalten anderer (z.B. Ihrer aggressiv handelnden Schülerinnen und Schüler) nicht „kalt erwischt" werden und dadurch handlungsunfähig sind.
- Sie sollten stets im Bewusstsein handeln, dass das Verhalten des Kindes das Resultat seiner erschwerenden Umwelt- und Lernerfahrungen ist. Das Kind ist ein „Resultat" dieser Bedingungen und braucht unbedingt Hilfe.
- Das Kind will in den seltensten Fällen jemanden ganz persönlich angreifen und schon gar nicht Sie als Lehrerin. Aggressive Kinder sind oft unsicher und ängstlich. Die Aggression dient der Abwehr verunsichernder Aspekte und führt die Kinder zudem in einen sozialen Teufelskreis. Denken Sie in diesem Zusammenhang auch an das Vier-Ohren-Modell in Kapitel 2.1.
- Vermitteln Sie dem aggressiv handelnden Kind – dessen Selbstwertgefühl in der Regel stark beeinträchtigt ist –, dass Sie sein Verhalten, aber nicht seine Person ablehnen.
- Zum Aufstellen von wenigen klaren und eindeutigen, für das Kind durchschaubaren Regeln haben wir bereits Vorschläge gemacht. Stellen Sie sehr sachlich klar, dass auf ein bestimmtes Verhalten eine bestimmte Konsequenz folgt. Achten Sie konsequent auf die Einhaltung dieser Regeln – ohne Aufgeregtheiten, Vorwürfe oder starke Zurechtweisung. Dies dient der Ent-Emotionalisierung: ihrer eigenen, der des Kindes und der gesamten Situation.
- Sorgen Sie dafür, dass aggressives Verhalten keinen Erfolg bringt. Das ist schwierig in einer Gruppe wie der Schulklasse, aber sehr wichtig zum „Umlernen".
- Loben Sie das Kind so oft wie möglich für positives (z.B. kooperatives) Verhalten.

Wie schon an anderer Stelle in Kapitel 2.2 beschrieben, entstehen Aggressionen auch durch überfordernde oder frustrierende Sachverhalte. Überdenken Sie unter diesem Gesichtspunkt einmal folgende häufig vorkommende Situationen:

Im Sportunterricht wählen die beiden jeweils fähigsten Spielerinnen oder Spieler abwechselnd die Mitglieder ihre Mannschaften. Dabei suchen sie sich natürlich zunächst die stärksten aus. Kinder, die ohnehin nicht sportlich oder eventuell übergewichtig sind, sitzen und warten und sitzen und warten ...

Beim „Eckenrechnen" darf das Kind eine Ecke weitergehen, das eine richtige Rechenaufgabe gelöst hat. Kinder, die nicht gut im Kopfrechnen sind, werden durch die Aufregung und Anspannung, die diese Situation für sie darstellt, noch gehemmter. Und so stehen sie in ihrer Ecke und stehen ...

Klassenarbeiten werden von den Einsen absteigend zurückgegeben. Es sind schon ganz viele Vieren zurückgegeben worden. Die eigene Arbeit ist immer noch nicht dabei ...

Natürlich kann nicht jede frustrierende oder verunsichernde Situation vermieden werden. Kinder sollen auch lernen, damit umzugehen. Dennoch sollten Sie sich dafür sensibilisieren, Kränkungen oder Enttäuschungen zu verhindern.

Krisenintervention bei einer massiven Eskalation

Es gibt Situationen, in denen Konflikte eskalieren oder zu eskalieren drohen und in denen Sie in erster Linie ruhig bleiben müssen (auch wenn das schwer fällt). Atmen Sie bewusst ganz ruhig durch und versuchen Sie, folgende Prinzipien zu beachten:

Anerkennung und Akzeptanz: Ein „Angreifer" steht in der Regel mit dem Rücken zur Wand. Gegen Gefühle von Ohnmacht und Ausweglosigkeit erscheint ihm Gewalt als das einzige Gegenmittel. Stärken Sie den „Angreifer", nehmen Sie ihn und seine Gefühle ernst, signalisieren Sie: „Du bist in Ordnung. Aber lass uns einen anderen Weg suchen!"

Deeskalieren: Bei einer sich anbahnenden Eskalation senden Sie verbale Signale (Ich verstehe dich ..., Ich helfe dir ...) und nonverbale Signale (beruhigendes Lächeln, unterstreichende Handgestik) aus, wodurch Sie den „Angreifer" ernst nehmen, aber den Konflikt emotional entschärfen.

Energien ableiten: Reden Sie möglichst ruhig auf den „Angreifer" ein, verwickeln Sie ihn in ein Gespräch. Manchmal spielt es nahezu keine Rolle, was Sie sagen (z. B. können Sie an vorangegangene Begegnungen anknüpfen). Wichtig ist es, durch Sprechen Energien zu verbrauchen, um Aggressionen zu reduzieren.

Präsenz ausstrahlen: Nehmen Sie ganz viel Raum ein, seien Sie vollkommen da, ohne bedrohlich zu wirken. Dies hat sehr viel mit Ihrer inneren Einstellung zu tun, die sich dann u. a. in Ihrer Körpersprache ausdrückt. Auf einer unbewussten Ebene senden Sie dadurch wichtige regulierende Signale aus.

Die Hilfe der Gruppe nutzen: Manche Situationen werden Sie allein nicht handhaben können. Es ist immer sinnvoll, die Umstehenden einzubinden: z. B. indem einige Hilfe holen, beim Beruhigen helfen, Wunden kühlen. Sie regen damit zu Aktivitäten an, die auch dazu dienen, die allgemeine Stimmung auf Ihrer Seite zu haben.

Ritualisiertes Setting: Nutzen Sie wiederkehrende Strukturen, um Konflikte aufzuarbeiten. Prozesse von Automatisierung erleichtern die Eigensteuerung. Das kann dazu führen, dass Konflikte zunehmend weniger körperlich ausgetragen, sondern in verbalen Lösungen kanalisiert werden.

Wiedereingliederung: Auch nach massiven Vorfällen (die wieder gutzumachen sind) ist es unerlässlich, den Konfliktträger wieder in die Gruppe zu integrieren. Geben Sie modellhaft Beispiele vor und regen Sie die Gruppe zu positiven Kontakten und Interaktionen an.

Was man sonst noch tun kann:
- Trainingsprogramme, wie beispielsweise das „Coolness"-Training oder die Streitschlichtung, können in der Fortbildung erprobt werden.
- Elemente aus psychologischen Trainingsprogrammen, z. B. „Training mit aggressiven Kindern" lassen sich auch in der Schulklasse durchführen (PETERMANN/PETERMANN 2005).
- Spiele zum Umgang mit Aggression finden Sie in Kap. 9.8.

5.3 Mit Angst umgehen

Das Klima in der Schule und in der Klasse trägt zum großen Teil zu einer angenehmen – und damit angstarmen – Lernatmosphäre bei und wird von den Lehrerinnen und Lehrern einer Schule gemeinsam gestaltet. Aufmerksames Beobachten der sozialen Vorgänge in der Schule und in der Klasse lassen Modeterror, Cliquen-Bildung sowie elitäre Ausgrenzungen („Nur wer aufs Gymnasium geht, ist etwas wert") gar nicht erst aufkommen. Zudem ist eine selbstkritische Reflexion meines Vorgehens als Lehrperson auch in diesem Kontext nützlich (vgl. Kap. 2.1). Auch die folgenden Maximen dienen dazu, eine angstarme Umgebung zu schaffen:

- **Unbekanntes kann angstbesetzt sein:** Das Mädchen aus dem anderen Kindergarten ist beunruhigend, sie ist immer so laut. Ob mich die Lehrerin wohl mag? Die großen Jungs auf dem Schulhof spielen immer so wild! Die Schülerinnen und Schüler müssen insbesondere zu Beginn ihrer Schulzeit ausreichende Möglichkeiten haben, ihre neue Umgebung, ihre Mitschüler und ihre Lehrerin kennenzulernen. Dabei ist darauf zu achten, dass alle Kinder in der Klasse Kontakte zueinander haben. Deshalb sollte in Spiel- und Lernsituationen in immer unterschiedlichen Konstellationen agiert werden. Kooperative Spiele gibt es in vielfältigen Variationen. Zudem ist es nach der Kennenlernphase in der Klasse wichtig, dass die Kinder möglichst viele andere Kinder und Lehrpersonen der Schule kennenlernen. Das Patensystem hat sich hier schon bewährt. Jahrgangsübergreifende Lerngruppen sind eine weitere Möglichkeit. Regelmäßige Klassengespräche zu Beginn oder zum Ende der Woche helfen, das soziale Klima der Lerngruppe einerseits kritisch zu beobachten, andererseits zu klären.

- **Ungewissheit kann angstbesetzt sein:** Wie wird bloß das Diktat? Was passiert mit meinem Bild? Was muss ich tun, um eine gute Note zu bekommen? Die Kinder sollten stets wissen, was auf sie zukommt. Transparenz und Orientierung (durch Strukturierung der Aktivitäten, des Raumes, der Zeit, der Medien) schaffen Sicherheit. Dazu müssen Abläufe klar sein, Kriterien offengelegt werden und Grundsätze eingehalten werden: beispielsweise nachvollziehbare Strukturierung und Visualisierung des Wochen- oder Tagesverlaufes, Einsatz von Ritualen nach bekannten Prinzipien, Offenlegung der fachlichen Anforderungen.

- **Unerwartetes kann angstbesetzt sein:** Die Lehrerin ist krank. Das Schwimmen fällt aus. Das Lesebuch wurde zu Hause vergessen. Abweichungen von gewohnten Bahnen verunsichern dann, wenn sie unverständlich und in ihren Folgen unabsehbar bleiben. Bestimmte Gegebenheiten und ihre Konsequenzen können im Vorfeld erläutert und abgesprochen werden. Bei anderen ist es wichtig, unmittelbar nach Verkünden der Änderung das alternative Vorgehen darzulegen.

Was Sie tun können

Hat man ein offensichtlich ängstliches Kind in der Klasse, ist zunächst einmal durch Beobachtung (Beobachtungsbogen) und Gespräche mit dem Kind sowie gegebenenfalls mit den Eltern einzugrenzen, wovor genau diese

Angst besteht. Dabei sind unbedingtes Ernstnehmen und Verständnis die grundlegenden Voraussetzungen für ein vertrauensvolles Miteinander.

- Mögliche fachliche Überforderungen lassen sich durch förderdiagnostische Verfahren erkennen. Spezielle Förderung im Unterricht oder Zuordnungen zu geeigneten Fördergruppen können Abhilfe schaffen.
- Sicherheit gebende Rituale (für alle Kinder) vermindern die Angst vor Leistungsversagen: Entspannungsübungen vor Leistungsüberprüfungen, der persönliche Glücksbringer als Beistand auf dem Tisch, eine Mutmach-Karte (Du schaffst das!/Bleib ganz ruhig/Ich glaube an Dich!) von der Lehrperson am Arbeitsplatz. Zusätzlicher Druck durch Zeitstress lässt sich vermeiden: Für anschließende Aufgaben ist gesorgt, sodass alle zur gleichen Zeit abgeben.
- Kinder die sich vor Mitschülerinnen oder Mitschülern fürchten, brauchen Unterstützer an ihre Seite: Paten als Ansprechpartner in der Pause und vielleicht auch als morgendliche „Abholer" am Schultor. Wenn ein Kind sich nur traut, mit einem bestimmten anderen Kind zusammenzuarbeiten, darf es zunächst mit diesem Kind und einem weiteren Kind arbeiten, bis es gemerkt hat, dass die anderen Kinder auch okay sind.

5.4 Aufmerksamkeit und Konzentration unterstützen

Aufmerksamkeit und Konzentration im Unterricht sind etwas anderes als angepasstes Stillsitzen und passives Konsumieren des Lernstoffes.

Es geht um eine lebendige, konstruktive und sachbezogene Arbeitsatmosphäre, bei der ein gewisser Geräuschpegel in Murmelgruppen oder bei Gruppenarbeit normal ist, bei der auch gelacht wird und die Arbeit unterbrochen wird, um eine gezielte Pause zu machen, bei der auch einmal verhandelt werden kann, dass eine bestimmte Arbeit zu Hause fortgeführt wird oder am nächsten Tag; bei der es auch „mucksmäuschenstill" sein muss und eine Arbeit von A bis Z zu Ende geführt wird (dabei kann „A bis Z" bei jedem Kind anders aussehen).

Es geht darum, ein Gefühl für das Hier und Jetzt mit seinen momentanen Erfordernissen zu bekommen, ohne ziellos und hektisch Reizen bzw. Impulsen ausgesetzt zu sein: Wenn ich arbeite, dann arbeite ich. Wenn ich spiele, dann spiele ich. Wenn ich esse, dann esse ich.

Voraussetzungen für Aufmerksamkeit und Konzentration schaffen:
- eine förderliche, anregungsreiche und störungsfreie Lernumgebung schaffen (vgl. Kap. 4.1)

- sich über mögliche Störungen im Vorfeld klar werden und gemeinsam mit der Klasse oder einzelnen Kindern überlegen, wie damit verfahren wird
- altersgerechte Rituale einführen und diese von Zeit zu Zeit überprüfen, um Sättigungseffekte zu vermeiden (Begrüßungsrituale, ritualisierter Unterrichtsbeginn, Rituale für Phasenübergänge, Ruherituale, Bewegungsrituale)

Aufmerksamkeit wecken:
- den Inhalt der Unterrichtsstunde bekannt geben (dabei mit Vorstellungsbildern arbeiten)
- auf das kommende Unterrichtsgeschehen mental einstimmen (z. B. indem Vorwissen aktiviert wird, Assoziationen geweckt werden)
- Interesse und Neugierde wecken
- Faszination ermöglichen

Aufmerksamkeit zentrieren:
- die Lernziele bekannt geben und dafür sorgen, dass dem Lernenden Wert und Bedeutung transparent sind
- einen Überblick über den Weg dahin geben, dabei Transparenz, Orientierung und Übersicht ermöglichen (z. B. durch einen Tagesplan, bei dem verabredete Symbole benutzt werden; Veränderungen rechtzeitig bekannt geben; Übersicht über den Verlauf einer Unterrichtsstunde geben; Kommendes langfristig bekannt geben)
- das Material bereitlegen lassen
- den Arbeitsplatz vorbereiten lassen
- die Zeitdauer bis zur nächsten Pause festlegen
- das Arbeitspensum festlegen (das kann von Kind zu Kind unterschiedlich sein
- Klarheit über (Verhaltens-)Regeln geben, dabei das erwartete Verhalten sehr konkret benennen

Gedanken und Gefühle ordnen:
- Die Motivation und den persönlichen Bezug des Kindes zu Lerninhalten und Aufgaben bedenken und gegebenenfalls klären, was das einzelne Kind an einem persönlichen Bezug hindert und wie – gemeinsam – Abhilfe geschaffen werden kann. Manchmal hilft es, die Unterscheidung zwischen Pflicht- und Küraufgaben zu treffen, um zu verdeutlichen, dass es Lernaufgaben gibt, die erledigt werden müssen, im Gegensatz zu Aufgaben, die stark an der jeweiligen Interessenlage anknüpfen.

- sachgebundene Aufmerksamkeit ermöglichen: durch die Wahl der Unterrichtsinhalte (Orientierung an den Interessen der Schülerinnen und Schüler; Berücksichtigung der spezifischen Lebenswelt und Lebenssituation; Inhalte mit der Klasse absprechen); durch Unterrichtsprinzipien wie Förderung der Eigenaktivität, handlungsorientiertes Arbeiten, projektorientiertes Arbeiten
- sich möglicher Hindernisse und Schwierigkeiten bewusst sein und gemeinsam mit dem Kind entscheiden, wie damit verfahren wird
- eine positive und entspannte Arbeitsatmosphäre schaffen

Sinne schärfen:
- basale Sinne ansprechen (etwas fühlen, sich bewegen, sich spüren)
- verschiedene Sinne ansprechen
- Übungen anbieten, bei denen die Körpermittellinie gekreuzt wird (dies integriert die Tätigkeiten der rechten und linken Gehirnhälfte)
- nichtrelevante Reize reduzieren und relevante Reize hervorheben
- verbale Anteile reduzieren, daher mit optischen und akustischen Signalen arbeiten

Informationen gehirngerecht präsentieren:
- an Bekanntes anknüpfen und anschauliche Beispiele liefern
- Lernstoff mit der Realität verknüpfen
- einen Überblick über den Gesamtzusammenhang geben, bevor Details vermittelt werden
- Lernstrategien vermitteln (z. B. Selbstinstruktionen: „Ich bereite den Arbeitsplatz vor, ich besorge das Material, ich beginne mit x, ich arbeite y Minuten, dann mache ich eine Pause, ich überprüfe, was alles geklappt hat"; Strategien zum zielgerichteten Vorgehen; Strategien der Selbstüberprüfung: „Wie sieht mein Arbeitsplatz/meine Schultasche/mein Mäppchen aus?")
- Angebote für beide Gehirnhälften machen (die linke Hirnhälfte arbeitet eher analytisch-logisch, die rechte Hirnhälfte dagegen ganzheitlich-intuitiv)
- Lernstoff auf verschiedenen Präsentationsebenen anbieten: enaktiv (handelnd), ikonisch (bildlich), symbolisch (Vorstellungen, Schriftsprache, Zahlen, Zeichen)
- Lernstoff über mehrere Wahrnehmungskanäle anbieten (bildliches Sehen, lesen, hören, fühlen, bewegen, ausprobieren)
- den Lernstoff auf ein quantitativ sinnvolles Maß begrenzen
- den Lernstoff spiralförmig aufgreifen

- durch Wiederholungen den Transfer vom Kurzzeitgedächtnis ins Langzeitgedächtnis ermöglichen
- Ähnlichkeitshemmungen vermeiden

Neue Energie tanken:
- Sauerstoffzufuhr ermöglichen (Fenster öffnen und gezielte Bewegungspausen initiieren)
- den Rhythmus von Spannung und Entspannung beachten
- geeignete Lernpausen anbieten (spätestens nach 30 Minuten)
- Zufuhr von Mineralstoffen und Vitaminen (Mineralwasser/Obst)
- so oft wie möglich gemeinsam lachen
- die Kinder ermutigen (positive Gefühle mobilisieren Energie)

Vernetztes Lernen anregen:
- vielfältige Methoden anbieten
- Eigenaktivität in den Vordergrund stellen
- in Sinnzusammenhängen lernen lassen
- Probleme und Fragestellungen von mehreren Perspektiven aus untersuchen lassen
- Originalität anerkennen
- Kreativität fördern

Entspannung ermöglichen und Ruhe genießen

- **Ruheecken einrichten und Ruhegelegenheiten schaffen:** sich an einen blickgeschützten Platz zurückziehen können; zu einem eigens eingerichteten Erfrischungstisch gehen, sich eine Auszeit nehmen und Meditationsmusik mit Kopfhörern anhören. Wichtig hierbei sind klare (Regel-)Absprachen, damit diese Aktivitäten nicht missbraucht werden, um sich beispielsweise vor der Anstrengung einer Arbeit zu drücken.
- **Ruheinseln während des Unterrichtsgeschehens einbauen:** die Arbeit unterbrechen und Stilleübungen machen; z.B. dem Klang einer Klangschale oder einer Triangel lauschen oder den Kopf auf den Tisch legen und eine Minute Stille spüren. Wer meint, dass die Minute vorbei ist, hebt den Kopf langsam wieder. Phantasiereisen lauschen; dabei kann ein persönlich gestaltetes Ruhekissen nützlich sein, s. Anleitung in Kapitel 9.7.
- **Ruhe durch „sich spüren" durch kleine, fein abgestimmte Bewegungen:** Mandalas malen mit Musikbegleitung; Kritzelbilder oder Spiralbilder malen; Malen nach Musik; Streichhölzer auf eine Flasche stapeln; ein brennendes Teelicht durch den Raum tragen; zur ruhigen Musikbe-

gleitung sich gegenseitig durch den Raum führen; sich gegenseitig mit Igelbällen massieren (dies kann auch unauffällig für einzelne Kinder zwischendurch geschehen); langsame Klopfmassagen, eine Fühlstraße für einige Zeit in der Klasse installieren: sich barfuß über verschiedene Materialien führen lassen; mit der „Nase" Buchstaben, Zahlen oder Wörter in die Luft schreiben; sich gegenseitig mit Zeitungen, Tüchern oder Handtüchern zudecken; bewegtes Sitzen: sich rittlings auf den Stuhl setzen, verrückte Sitzpositionen ausprobieren, auf einem luftgefüllten Sitzkissen sitzen, andere Sitzgelegenheiten wie Hocker, Sitzball oder großes Reiskissen zur Verfügung stellen.

- **Ruhe durch „sich spüren" durch kräftige oder groß angelegte Bewegungen:** z. B. durch kräftige Handübungen; durch Übungen auf der Tesa-Krepp-Linie (sich über die Linie ziehen oder schieben, auch mal Rücken an Rücken, im Seiltänzergang darüber balancieren, mit Riesenschritten/mit Zwergenschritten überschreiten); Krafttraining mit sandgefüllten Flaschen; Mathematikaufgaben mit dem Seilchen (weitere Vorschläge finden sich im nächsten Kapitel).

5.5 Wahrnehmung und Motorik fördern

Kinder mit Schwierigkeiten in der Wahrnehmung und der Motorik sprechen besonders positiv auf Aktivitäten an, die die grundlegenden Sinne anregen. Die Informationen, die aus den basalen Wahrnehmungsbereichen stammen, werden subkortikal, d. h. auf Hirnstammniveau verarbeitet. Da der Hirnstamm die Schaltzentrale der Nervenbahnen ist, dient eine Anregung in diesem Bereich der Integrationsförderung und der Aktivierung von Steuerungsmechanismen, die dem Kind wiederum helfen, sich zu spüren und adäquat auf seine Umwelt zu reagieren.

Die spezifische Förderung einzelner Funktionen sprengt den Rahmen unserer schulischen Möglichkeiten und gehört in den Aufgabenbereich von Mototherapeuten, Ergotherapeuten etc. Dennoch lassen sich einige Ideen im Unterricht oder im Sportunterricht verwirklichen, die im Sinne von ganzheitlichem und bewegungsfreudigem Lernen für alle Schülerinnen und Schüler sinnvoll sind.

Die folgende Übersicht zeigt den Aufbau einer Gesamtförderung (erstellt nach BRAND 1992; dort gibt es auch viele Anregungen und Übungen zur Umsetzung im Unterricht). Hier finden Sie eine modifizierte und ergänzte Auswahl, die besonders im Hinblick auf die oben beschriebene Verhaltensebene integrierend und ausgleichend wirkt.

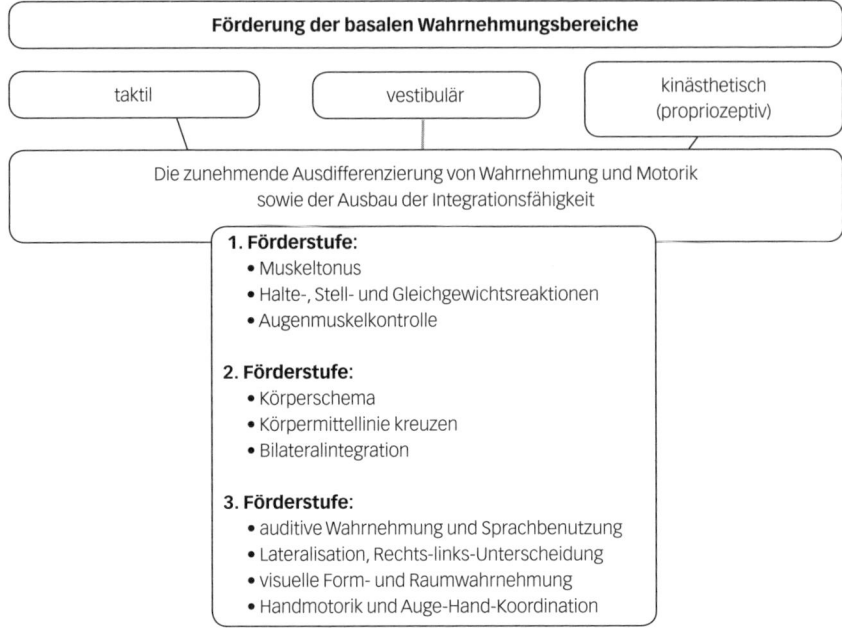

Möglichkeiten zur Anregung der basalen Wahrnehmung

Taktil: Hierzu gehören Spiele und Übungen mit Materialien, die starke und länger anhaltende Berührungsreize anbieten. Dabei sollten Sie auf Kinder mit taktiler Überempfindlichkeit achten!

- Kiste mit Vogelsand füllen, darin „Goldsteinchen" verstecken, bestimmte Anzahl oder innerhalb einer Minute als Wettkampf die meisten heraussuchen lassen
- Kiste mit Styroporkügelchen füllen; mit einem Deckel verschließen, aus dem zwei Handöffnungen herausgeschnitten wurden, Holzbuchstaben darin verstecken
- Tastmemospiel (mit den Händen, mit den Füßen), Fühlsäckchen, Fühlstraße
- vielfältiger Einsatz von Knete

Vestibulär: Spiele und Übungen, durch die die Gleichgewichtswahrnehmung angeregt wird, dabei unbedingt auf Kinder mit vestibulärer Überempfindlichkeit achten!

- Übungen auf dem Rollbrett (passiv und aktiv)
- Übungen auf dem Balancierkreisel: Das Kind stellt sich auf den Kreisel. Sichtwörter werden auf den Boden gelegt und das Kind wird von Wort zu Wort gedreht. Variation: Das Kind macht sich möglichst steif. Das Ganze im Sitzen durchführen.
- Sitzball: z. B. Übungen zur Lautdiskrimination, während das Kind auf dem Sitzball sitzt und leicht hin- und herbalanciert wird
- Kreppband auf den Boden kleben: Übung für ein Kind: im Seiltänzergang vorwärts; rückwärts; im Scherenschritt; mit möglichst großen Schritten (ohne zu springen); mit Laufbüchsen darübergehen
- Übung für zwei Kinder: „Tic Tac"/Variante: Ein langes Wort buchstabieren, bestimmte Einmaleinsreihen abwechselnd aufsagen

Kinästhetisch (propriozeptiv): Neben verschiedenen Bewegungserfahrungen gehören hierzu Spiele, die durch starken Druck und Zug auf die Gelenke die Wahrnehmung in diesem Bereich anregen:
- Übungen mit Laufbüchsen (z. B. zwei Kinder stellen sich mit Laufbüchsen nebeneinander auf, Kopfrechenaufgaben stellen; bei richtiger Lösung einen Schritt nach vorne gehen)
- über einer Tesa-Krepp-Linie balancieren (gleichzeitig vestibuläre Anregung): wer macht die größten Schritte (die kleinsten Schritte ...), über die Linie hüpfen, im Scherenschritt darübergehen etc.
- sich Rücken an Rücken stellen und über die Linie wegdrücken, die Handflächen aneinanderlegen und versuchen, sich über die Linie zu schieben
- Klopfmassage (bei den Schultern beginnen und mit gleichmäßigem, leichtem Druck über den Rücken wandern. Vorsicht mit der Wirbelsäule)
- Streichelgeschichten
- mit dem Igelball massieren (übernehmen die Kinder gern füreinander)
- Die Kinder stehen im Kreis, reichen einen schweren Ball mit hocherhobenen Händen weiter und machen z. B. Übungen zum Anlautverfahren (oder mit Kopfrechenaufgaben)· „Welche Wörter fangen mit A an?"

Normalisierung des Muskeltonus: Angebote können sich auf den ganzen Korper oder einzelne Körperteile konzentrieren:
- Ganzer Körper: sich steif machen und sich schieben oder ziehen lassen auf Rollbrett oder Tuch, sich steif machen und „von Sanitätern zu einer Bahre tragen lassen", als Roboter gehen, sich mit gegeneinandergelegten Handflächen über eine Linie drücken, sich Rücken an Rücken rückwärts über eine Linie schieben

- Arme/Hände/Finger: sich mit den Handflächen über ein Wort, eine Rechenaufgabe, eine Linie wegdrücken (wer „gewonnen" hat, darf lesen oder rechnen), Fingerhakeln, Armdrücken, Steckbausteine zum Rechnen verwenden, einen kleinen Softball zusammendrücken, kneten
- Beine/Füße: sich im Sitzen mit den Füßen wegdrücken, möglichst viel springen oder hüpfen, auf Zehenspitzen durch den Raum gehen (Storchengang)
- Nacken: Verbeugungsspiel: mit einem Reissäckchen auf dem Kopf durch den Raum gehen und jeden mit einem „Bückling" begrüßen, ohne dass das Säckchen herunterfällt, mit dem Kopf großen Therapieball wegstoßen (wie weit kommt man)

Förderung der Halte-, Stell- und Gleichgewichtsreaktionen: Dabei handelt es sich um sehr elementare Anpassungsreaktionen, die für das Gelingen verschiedener „höherer" Funktionen von erheblicher Bedeutung sind, z. B. auf einem Stuhl aufrecht zu sitzen und nicht „zusammenzuklappen" oder die Fähigkeit, Buchstaben mit den Augen zu fixieren und Buchstabenfolgen mit den Augen in der richtigen Art und Weise abzutasten, sprich: zu lesen oder die Fähigkeit, Lageveränderungen auszubalancieren. Kinder mit diesbezüglichem Förderbedarf sollten möglichst oft Positionen in der Rücken- oder Bauchlage einnehmen. Wichtig sind auch Fortbewegungsmuster im Robben und Krabbeln:

- verschiedene Positionen auf dem Balancierkreisel einnehmen
- auf dem Rollbrett auf dem Rücken liegen und sich mit den Beinen abstoßen
- „verrückter Leser": auf dem Bauch liegen und ein Leseblatt mit erhobenen Armen vor sich halten, dabei lesen
- „Flugzeughaltung einnehmen" (auf dem Bauch liegen, Arme und Beine ausstrecken und gleichzeitig anheben), dies kann als Wettbewerb untereinander gestaltet werden, wenn man mit Zählen oder Stoppuhr arbeitet, anschließend können die Zahlen als Rechenaufgabe zusammengerechnet werden ...

Die Körpermittellinie kreuzen: Neben dem gleichzeitigen oder abwechselnden Überkreuzen der Mittellinie mit den Armen und Händen werden auch Beine, Füße, Kopf und Rumpf zum Überkreuzen angeregt:
- beidhändig eine große liegende Acht malen: in die Luft, an die Tafel, auf einem großen (festgeklebten) Packpapier, dabei weiche Wachsmalkreiden verwenden und die Acht mehrfach nachspuren, beidfüßig eine liegende Acht in die Luft malen

- im Scherenschritt über eine Tesakrepp-Linie gehen, dabei im Takt der Schritte beispielsweise eine Einmaleins-Reihe aufsagen oder das Alphabet oder einen Merkvers
- beidhändig und großflächig zu Musik malen (Unterlage festkleben und weiche Wachsmalkreiden verwenden)
- Spiegelbildbewegungen nachmachen, die Bewegungen sollten Überkreuzen der beschriebenen Körperteile beinhalten, z. B. sich zur Seite hin verbeugen, rechter Ellbogen an das linke Knie und umgekehrt, „Wäsche von der Wäscheleine nehmen" (mit beiden Händen nach links oben greifen und dann nach rechts oben)
- mit dem Kopf Buchstaben oder Zahlen in die Luft schreiben
- Klatschspiele

Individuelle Unterstützungsangebote

Neben den oben genannten Angeboten, die dazu dienen, dass sich Kinder mit Schwierigkeiten in der sensomotorischen Entwicklung besser spüren und sich und ihre Umgebung genauer wahrnehmen, gibt es eine Reihe von weiteren Unterstützungsangeboten, die helfen, sich adäquat zu verhalten. Diese sollten Sie mit den Kindern und möglichst auch mit den Eltern abstimmen (ggf. auch mit der Klasse; dies ist allerdings sensibel zu handhaben, um den jeweiligen Kindern keine bestimmte Rolle zuzuschreiben). Denken Sie daran, dass dies ehrlich gemeinte Unterstützungsangebote sind, die aus einer akzeptierenden Einstellung dem Kind gegenüber gemacht werden.

- „Ich schaue dich an und helfe dir, dich zu kontrollieren": Blickkontakt halten, z. B. bei Erarbeitungsgesprächen
- „Ich beruhige dich, wenn du anfängst, dich aufzuregen": Körperliche Signale, z. B. sich nähern und beruhigend die Hand auf die Schulter legen, dies kann auch von einem Freund/einer Freundin übernommen werden
- „Ich gebe dir ein Zeichen, damit du rechtzeitig stoppen kannst": Vereinbarte Signale bei drohendem Kontrollverlust, z. B. Stoppzeichen
- „Du hast die Möglichkeit, dich draußen zu beruhigen": Time-out bei einer tatsächlich eintretenden Eskalation – dabei möglichst gelassen bleiben und auf keinen Fall in dem Moment mit dem Kind diskutieren. Die Art und Weise der Wiedereingliederung sollte klar besprochen sein
- „Die Augen ruhen sich aus": Geeigneten Sitzplatz wählen, bei dem möglichst wenig Ablenkendes in den Blick fällt, in bestimmten Arbeitsphasen einen ruhigen Tischnachbarn zur Seite stellen, dabei auf die „Chemie" der Kinder achten

- „Die Ohren ruhen sich aus": Ohrstöpsel, Kopfhörer anbieten, um Außengeräusche auszuschalten
- „Die Füße sind fest auf dem Boden": auf Bodenkontakt der Füße achten, gegebenenfalls einen Fußhocker einsetzen
- „Hier bist du ungestört": Zuweisung eines ruhigen, auf jeden Fall blickgeschützten Arbeitsplatzes für bestimmte Arbeitsphasen, z. B. an einem Arbeitstisch, der zur Wand gedreht ist, evtl. mit einem Freund, einer Freundin zusammen, um dieses nicht als Strafe erscheinen zu lassen
- „Eins nach dem anderen": Aufgabenblatt abknicken oder zudecken, um die zu bearbeitenden Aufgaben ohne Ablenkung im Blickfeld zu haben
- „Bis hierhin musst du arbeiten, dann machst du eine kleine Pause": Aufgaben portionieren, d. h. in überschaubare Sequenzen aufteilen, dabei unbedingt auf das Einhalten der Absprache achten und festlegen, wie eine Pause aussehen kann, ohne dass die anderen Kinder gestört werden
- „Wir vereinbaren Regeln über dein Verhalten": präzise Regeln absprechen
- „Ich sage dir, wie dein Verhalten im Moment ist": konkrete Rückmeldung geben: Das Feedback über das Verhalten sollte zeitnah erfolgen und präzise formuliert sein (ggf. durch Klebepunkte, Smilies visualisieren)
- „Richtiges Verhalten lohnt sich": Verstärkersystem vereinbaren
- „Mit diesem Plan geht es leichter": Strategien zur Selbstinstruktion und zum planvollen Vorgehen an die Hand geben, um eine Handlungsabfolge in überschaubare Einzelkomponenten zu zerlegen. Dies kann besonders bei älteren Kindern vorteilhaft sein (s. Kap. 9.5).

6 Auf Schulebene handeln

Die bislang beschriebenen Handlungsmöglichkeiten beziehen sich jeweils auf einzelne Kinder oder auf die Intervention in einzelnen Lerngruppen. Schule als System macht jedoch auch gemeinsame Entscheidungen und Abstimmungen notwendig und bietet zudem ein Feld der gegenseitigen Unterstützung.

6.1 Möglichkeiten der kollegialen Zusammenarbeit

In Kapitel 2.2 war die Rede davon, an „einem Strang zu ziehen". Dazu ist es notwendig, diesen einen Strang auszuwählen, sich auf ihn zu einigen und ihn weiterhin im Auge zu behalten. Die folgende exemplarische Beschreibung einer Konferenzgestaltung verdeutlicht ein mögliches Vorgehen:

1. Welches (störende) Verhalten von Schülerinnen und Schülern wollen wir verändern?
In Einzelarbeit schreibt jede Kollegin und jeder Kollege Störungen möglichst konkret auf Karteikarten auf: „Kinder rennen während der Pause im Schulgebäude herum. Beim Aufstellen vor dem Unterricht kommt es fast täglich zu Streitereien." Die genannten Aspekte werden geclustert.

2. Was davon nehmen wir als Erstes in Angriff?
Nach dem Schneeballsystem einigen sich alle auf etwa drei Gesichtspunkte für die gesamte Schule. Dabei sollten zunächst die wesentlichen, aktuell oder langfristig dringendsten Aspekte angegangen werden. Wichtig ist aber, dass jeder sich mit seinem Anliegen vertreten fühlt.

3. Wie nennen wir das erwünschte Verhalten?
In Kleingruppen wird positiv und so deutlich und fest umrissen wie möglich beschrieben, wie das zukünftig gewünschte Verhalten aussehen soll. Die unterschiedlichen Formulierungen werden zu einer allgemein akzeptierten

Formulierung zusammengefasst. Dieses Vorgehen ermöglicht einerseits ein klares Verständnis der Aufgabe – auch für die Schülerinnen und Schüler. Andererseits ist es wichtige Grundlage für den nächsten Schritt und hilft, diesen exakt zu gestalten.

4. Wie können wir das erreichen?
Gemeinsam werden Vorschläge in Form einer geclusterten Kartenabfrage gesammelt.

Anschließend findet eine Einigung über das statt, was tatsächlich umgesetzt wird: eine Hausordnung erstellen; Verträge mit den Schülerinnen und Schülern abschließen; ein Plakat aufhängen; die Eltern auf dem Elternabend oder in Form eines Briefes informieren; einen Wettbewerb veranstalten, z.B.: Welche Klasse bekommt die meisten Punkte für diszipliniertes Aufstellen. Klebepunkte kann die Aufsicht mit sich führen und unmittelbar an die Klassensprecherin oder an den Klassensprecher verteilen; klare Konsequenzen aufzeigen: Was passiert, wenn ...

5. Wer macht was mit wem bis wann?
Mit Hilfe eines Planungsbogens wird das weitere Vorgehen abgestimmt. Ein solcher Planungsbogen kann folgende Aspekte umfassen:
• Wer arbeitet zusammen?
• Worum kümmern wir uns?
• Wer bearbeitet, wer erledigt welche Aufgabe?
• Bis wann tun wir das?

Weitere Ideen, die sich zum Umgang mit störendem Verhalten in Schulen bewährt haben: offener Unterrichtsbeginn, Raum der Stille, bewegte Pause, Schulhofgestaltung (z.B. Regenbogenbemalung der Aufstellflächen, Hüpfkästchen, Buchstabenhaus, Zahlenstrahl), Konzepte für Streitschlichtung entwickeln, Einbindung der Erziehungsberechtigten in die Erziehungsarbeit, Sozialer Trainingsraum, Schülerpartnerschaften installieren etc.

Kooperationsmöglichkeiten innerhalb der Schule

Die folgenden Beispiele dienen als Denkanstöße. Jedes Kind, jede Klasse und jedes Kollegium hat seine eigene Wirklichkeit.

Günstig ist es, gemeinsam zu überlegen, was einem Kind mit Schwierigkeiten hilft und was im jeweiligen System möglich ist. Alle Überlegungen sollten auch mit dem Kind und den Eltern abgesprochen werden (vgl. auch Kapitel 8.1).

Informationsaustausch und Absprachen:

* Transparenz herstellen: Es geht hier nicht darum, das jeweilige Kind mit einem negativen Etikett zu versehen, das es im Laufe der Schulzeit als unveränderlich mit sich herumtragen muss. Es geht um Informationsaustausch, der verhindert, dass jeder immer wieder von vorne anfangen muss. Es geht auch darum, Fortschritte im Verhalten festzustellen und Entwicklungspotentiale zu erkennen.
* Gemeinsam überlegen: Dies kann während pädagogischer Konferenzen, aber auch im Rahmen von kollegialer Fallberatung geschehen. Dabei sollte geklärt werden: Welche Unterstützungsangebote scheinen dem Kind besonders zu helfen? Was wurde mit dem Kind und den Eltern abgesprochen? Was scheint eher ungünstig für das Verhalten zu sein und sollte vermieden werden? Wo hat sich das Verhalten des Kindes verbessert?
* Absprachen evaluieren: Von Zeit zu Zeit ist eine Überprüfung angebracht: Gelten die Absprachen und Unterstützungsangebote noch als sinnvoll? Benötigt das betreffende Kind etwas anderes? Haben sich insgesamt neue Erkenntnisse ergeben?

Einheitliches Handeln:

* Verhaltensregeln und Konsequenzen präzise festlegen: Konsens innerhalb der Schule über einen Regelkatalog mit dazugehörigen Konsequenzen herzustellen, gehört wahrscheinlich zu den schwierigsten Aufgaben eines Kollegiums. Es erleichtert aber in gewissen Punkten sehr die Arbeit, da z. B. Sanktionen bei Regelverletzungen nicht immer wieder neu verhandelt werden müssen. Hier stellt sich auch die Frage nach einer Schulordnung.
* „Time-out"-Regeln: Damit ist gemeint, dem Kind einen sicheren Ort zu geben, wenn es in der momentanen Konstellation überfordert ist und mit Clownerien, Provokationen etc. reagiert. Neben Situationen im Klassenraum sind oftmals gerade auch die unstrukturierte Situation vor Betreten des Schulgebäudes oder des Klassenzimmers ein Anlass zu Rempeleien oder Raufereien. Eine Möglichkeit, dies zu entschärfen, besteht darin, dem Kind einen Ort anzubieten, an dem es sich beruhigen, in Ruhe arbeiten und sich neu sortieren kann. Dies kann ein Platz vor dem Lehrer- oder dem Schulleitungszimmer, neben der Hausmeisterloge oder ein Ausweichplatz vor dem Klassenzimmer sein. Das Kollegium muss die folgenden Fragen klären: Welcher sinnvolle Ausweichplatz kommt in Frage und wie sollte dieser gestaltet werden? Welche Aufsichtsfragen ergeben sich und wie werden diese geregelt? Welche Vereinbarungen für das Wieder-Hereinkommen gelten?

- Auszeit in einer anderen Klasse: Wenn es einen pädagogischen Konsens gibt, ist es eine sinnvolle Möglichkeit, dass ein Kind für eine begrenzte Zeit in einer anderen Klasse aufgenommen wird, wenn die Situation in der eigenen Klasse schwierig wird oder sogar zu eskalieren droht. Es können Partnerklassen eingerichtet werden, aus denen sich eventuell sogar die Möglichkeiten weitergehender Kooperationsformen entwickeln werden.
- Nacharbeit abwechselnd beaufsichtigen: Wenn ein Kind in der Schule versäumte Arbeiten nacharbeiten soll, muss nicht jedes Mal die Klassenleitung anwesend sein. Eine Arbeitserleichterung ist es, sich zusammenzutun und wöchentlich abwechselnd die Nacharbeit zu beaufsichtigen.
- Einbindung aller in der Schule Tätigen in die Unterstützungsangebote: Jeder, der das Kind bei Aktivitäten außerhalb der Klasse sieht, ist aufgefordert, es zu loben oder zu ermahnen oder die Klassenlehrerin zu informieren.

  Dazu muss jeder wissen, dass das Kind Lob verdient, wenn es z.B. ruhig in einer Schlange am Pausenstand wartet, dass es aber auch eine bestimmte Konsequenz zu erwarten hat, wenn es beim Aufstellen wieder einmal die ganze Reihe durcheinanderbringt.

Pausenregelungen:
- Pause im Klassenzimmer oder an einem anderen ungestörten Ort: Ein Kind, das ständig als Sündenbock gilt, ohne immer Urheber von Aggression und Gewalt zu sein, darf auf eigenen Wunsch die Pause allein im Klassenzimmer verbringen (Aufsichtsfrage klären).
- Verhaltenssteuerung durch körperliche Nähe unterstützen: Die jeweilige Pausenaufsicht nimmt das Kind von einem vereinbarten Platz im Schulgebäude mit. Das Kind bleibt während der Pause in Reichweite der Aufsicht.

  Dies ist keine Bestrafung, sondern dient dazu, dem Kind durch die körperliche Nähe eine entsprechende Signalwirkung zur Stabilisierung des Verhaltens zu geben.
- An das erwünschte Verhalten erinnern: Das betreffende Kind meldet sich vor dem Betreten des Schulhofes bei der Schulleitung und erklärt seine Bereitschaft, sich in der Pause wie vereinbart zu verhalten.
- Verantwortung übertragen: Ein Kind, das z.B. in den Pausen immer wieder in Schwierigkeiten gerät, kann vielleicht dem Hausmeister beim Pausenverkauf oder anderen Diensten helfen. Hier erlebt es sich in einer wichtigen Rolle, die ihm hilft, Verhalten zu steuern und zu regulieren. Dies fördert das Verantwortungsbewusstsein.

Auch das kann zur Kooperation gehören:

- Klassenwechsel: Da es immer wieder vorkommt, dass sich ungünstige Konstellationen innerhalb einer Klasse ergeben, kann es sinnvoll sein, in Absprache mit allen Beteiligten zu überprüfen, ob eine Parallelklasse das Kind besser auffangen kann. In Extremfällen kann auch ein Schulwechsel hilfreich sein.

6.2 Möglichkeiten der kollegialen Entlastung

Neben gemeinsamen Handlungsstrategien sind entlastende Aspekte ebenso wichtig und notwendig. Damit Kolleginnen und Kollegen sich gegenseitig entlasten und unterstützen können, ist zunächst eine Atmosphäre der Akzeptanz notwendig: Jeder von uns hat Schwierigkeiten mit Kindern bzw. Eltern oder ist einmal erschöpft, frustriert, wütend oder hilflos. In einem positiven Umfeld ist es viel eher möglich, von den eigenen Problemen zu sprechen, diese auch mal einfach loszuwerden.

Tür- und Angelgespräche haben in diesem Kontext durchaus eine entlastende Funktion, bieten oftmals aber zu wenige Anregungen, etwas zu ändern. PALMOWSKI formuliert dies so: „Lamentieren ist gefährlich, weil es gerade so viel Entlastung schafft, dass man nichts verändern muss" (mündlich nach PALMOWSKI). Deshalb machen vereinbarte, im Schulleben fest und regelmäßig verankerte Verfahren Sinn.

Ein Beispiel hierfür ist die kollegiale Fallberatung. Dies ist eine Form der Supervision von Kolleginnen und Kollegen in Eigenregie. Sie beabsichtigt neben der beruflichen Selbstreflexion ein systemisches Verständnis von Schüler- und Lehrerverhalten. Zudem ermöglicht sie eine Erweiterung des professionellen Handlungsrepertoires durch den Austausch von Erfahrungswerten. Kollegiale Fallberatungen laufen nach einem festgelegten Schema ab, das je nach Institution in Nuancen variieren kann.

Aufbau und Ablauf einer kollegialen Fallberatung

	Fallenbringer →	Fallberater →	Moderator →
Einleitung	• eine Teilnehmerin/ein Teilnehmer übernimmt die Moderatorenrolle • der Zeitrahmen wird gemeinsam abgesteckt		
Falldarstellung	• stellt ohne Unterbrechung den Fall dar • berichtet alles, was wichtig erscheint	• hören kommentarlos zu	• achtet durchgängig auf das Einhalten der Regeln • achtet auf den zeitlichen Ablauf • achtet durchgängig darauf, dass alle angemessen zu Wort kommen
Frage-gelegenheit	• nimmt Stellung zu den Fragen	• stellen Verständnisfragen (keine Analysen, keine Kommentare, keine Diskussion)	• kann sich im Sinne der partizipierenden Leitung inhaltlich einbringen
Beratungs-anlass formulieren	• fokussiert seine Falldarstellung auf einen Beratungsanlass	• hören zu	• unterstützt evtl. bei der Formulierung eines präzisen Beratungsanlasses • visualisiert den Beratungsanlass
Hypothesen-entwürfe	**1. Phase** • hört kommentarlos zu **2. Phase** • kommentiert und markiert Äußerungen der anderen; wählt aus oder verwirft	**1. Phase** • stellen Wahrnehmungen, Assoziationen und Gedanken zum Beratungsanlass zur Verfügung • formulieren Hypothesen (keine Fragen, Kommentare, Diskussionen oder Lösungen!) **2. Phase** • hören und schauen zu	**1. Phase** • sammelt Aussagen durch Notieren **2. Phase** • hört zu
Lösungsvor-stellungen	**1. Phase** • hört kommentarlos zu **2. Phase** • kommentiert und markiert Äußerungen der anderen, wie oben	**1. Phase** • formulieren mögliche Lösungen, ungeachtet dessen, ob diese direkt zu realisieren sind **2. Phase** • hören und schauen zu	**1. Phase** • sammelt Aussagen durch Notieren **2. Phase** • hört zu
Blitzlicht-runde	• jede Teilnehmerin/jeder Teilnehmer sagt 1 bis 2 Sätze zum Verlauf • der Fallenbringer beginnt		

7 Mit den Eltern zusammenarbeiten

Pädagogisches Handeln bezieht immer auch die Zusammenarbeit mit den Eltern ein. Sie kennen das Kind am besten und können wertvolle Informationen liefern sowie die schulische Arbeit unterstützen. Gerade für den Umgang mit Störungen ist es wichtig, dass alle Beteiligten an einem Strang ziehen. Allerdings ist diese Kooperation auch ein sensibler Punkt: Eltern und Lehrpersonen sehen das Kind in jeweils unterschiedlichen Kontexten und haben mitunter sehr unterschiedliche Vorstellungen über die Bewertung von Problemen und den Umgang damit.

Eine wichtige Voraussetzung für eine sinnvolle Förderung des Kindes ist der Versuch, für die jeweilige Sichtweise und die auftretenden Probleme Verständnis aufzubringen. Dabei gehört es zu unseren Aufgaben, eine Vertrauensbasis zu schaffen und Einfühlungsvermögen und Behutsamkeit zu zeigen, gleichzeitig aber auch Klarheit und Deutlichkeit zu transportieren.

7.1 Grundlegende Vorschläge

Im Sinne des anfangs dargestellten systemischen Gedankens gilt es, alle Eltern als Lern- und Erziehungspartner in den schulischen Lern- und Entwicklungsprozess des Kindes einzubeziehen. Gespräche und Informationen über den momentanen Stand, Austausch über förderliche und hinderliche Bedingungen sowie Beratung sind selbstverständliche Aspekte unseres pädagogischen Handelns. Die nachfolgenden Vorschläge gelten demnach generell, sind aber insbesondere dann zu berücksichtigen, wenn es bei einem Kind Schwierigkeiten gibt:

- **Größtmögliche Transparenz in allen Angelegenheiten**, das heißt auch, Eltern im oben genannten Sinne ernst zu nehmen und – bei Schwierigkeiten – mit ihnen gemeinsam Lösungsmöglichkeiten zu entwickeln. Dazu gehört auch das Prinzip, die Eltern rechtzeitig zu informieren, dass möglicherweise Schwierigkeiten und Probleme auftreten können.

- Sich mit den Eltern beraten, um gemeinsam, d. h. partnerschaftlich nach Lösungsmöglichkeiten zu suchen. Bei den Absprachen über konkrete Unterstützungsangebote und Interventionen ist mitzubedenken, ob und wie diese zu Hause aufgegriffen und fortgeführt werden können. Dies kann Teil eines Förderplanes werden (vgl. Kapitel 8.1).
- **Bei Bedarf ein möglichst enger Informationsaustausch**, damit die Eltern über die Entwicklung des Kindes informiert sind. Es empfiehlt sich z. B. das regelmäßige Führen eines Mitteilungsheftes, bei dem sowohl positive Rückmeldungen als auch Schwierigkeiten benannt werden können. Man kann auch regelmäßige Telefontermine vereinbaren, um die zeitliche Belastung berechenbar und in Grenzen zu halten. Dabei sollten auch die eigenen Grenzen und Ressourcen respektiert werden: Lehrerinnen und Lehrer können nicht ständig verfügbar sein.
- **Positive Rückmeldungen geben**, damit das Kind nicht ausschließlich sein „Versagen" dokumentiert bekommt und sowohl Eltern als auch das Kind entlastet werden. Hier ist es manchmal schwierig, die richtige Balance herzustellen: Was wollen die Eltern eventuell verstehen, damit möglichst alles „problemlos" erscheint oder – im Gegenteil – damit sie möglichst alle Probleme dem Kind zuschreiben können, um von innerfamiliären Problemen abzulenken.
- **Weiterhin bestehende Schwierigkeiten ehrlich beim Namen nennen**, damit Eltern sich darauf einstellen können und nicht völlig überrascht sind, wenn eventuell weiterreichende Schritte nötigt sind.
- **Vereinbarungen zwischen Schule und Elternhaus treffen**, um Konfliktpotential aus dem Elternhaus zu nehmen:
  - Vereinbarungen über die Hausaufgaben, wobei in der Schule darauf zu achten ist, dass das Kind die Hausaufgaben notiert (gegebenenfalls eine Zeit lang gegenzeichnen) und dass die Hausaufgaben täglich kontrolliert werden. Wichtig ist es, sich mit den Eltern auf ein realistisches Pensum zu einigen und eventuell eine konkrete Zeit festzulegen, die das Kind mit der Erledigung der Hausaufgaben verbringen soll.
  - Vereinbarungen über das Nacharbeiten treffen, wenn das Pensum in der vorgesehenen Zeit nicht ausreicht (in manchen Schulen gibt es feste Nachholtermine).
  - Vereinbarungen über Wiedergutmachungen treffen (z. B. den Pausenhof fegen, die Schülertische abwischen, vom Taschengeld selbst etwas kaufen, was ersetzt werden muss, einen Entschuldigungsbrief schreiben).

7.2 Eltern beraten

Beratungsgespräche mit Eltern gelingen dann, wenn einige wichtige Grundvoraussetzungen gegeben sind:

- **Beratungsgespräche sind freiwillig:** Die Eltern müssen im Vorfeld wissen, worum es in dem Gespräch geht. Sie müssen Zeit haben, sich darauf vorzubereiten. Deshalb sollten Sie telefonisch den Gesprächsanlass klären sowie die Bereitschaft, sich darüber auszutauschen. Überfordern Sie sich dabei gegenseitig nicht. Es ist effektiver, einige Themen gezielt zu besprechen, als „über alles Mögliche einmal geredet zu haben". In Kapitel 9 finden Sie einen Vorschlag, die Inhalte zu Beginn eines Gespräches festzulegen, Ergebnisse und Vereinbarungen zu notieren und einen Nachfolgetermin (ggfs. als Telefongespräch) zu vereinbaren.
- **Beratungsgespräche erfolgen auf Augenhöhe:** Eltern sind Experten für ihre Kinder. Sie kennen diese lange und vielfältig und können hilfreiche Überlegungen zu deren Verhalten beitragen. In der Regel handeln Eltern bezogen auf ihre Kinder nach bestem Wissen und Gewissen.
- **Beratung im besten Sinne ist „Klärungshilfe":** Im Sinne von Entscheidungshilfe oder Problemlösungshilfe ist Beratung nicht Belehrung, sondern ein Austausch von möglichen Handlungsalternativen.

GUDJONS (1998, S. 235 ff.) verweist im Zusammenhang mit einem guten Beratungsgespräch auf die drei Ks: Kontext – Kontakt – Kontrakt. Folgende Aspekte können dazugehören:

- Ich schaffe den nötigen **Kontext:** einen störungsfreien Raum. Ich habe Zeit und den Kopf frei. Kein „Verschanzen" hinter dem Pult, ein Gegenübersitzen an einem Tisch demonstriert eine offene Gesprächshaltung.
- Ich stecke gemeinsam mit den Eltern den Rahmen des Gesprächs ab, und wir vereinbaren einen **Kontrakt:** klare Zeitabsprache; eindeutige Situationsdefinition: Worum soll es heute gehen? Intentionsklärung: Wann wäre das Gespräch für Sie und für mich gut verlaufen? Was erwarten Sie von mir, was ich von Ihnen? Was ist Ihr Ziel, was mein Ziel? Zum Abschluss bleibt im Sinne dieses Kontraktes zu klären, was als Ergebnis des Gesprächs festgehalten werden kann (eine kurze Notiz vermeidet Missverständnisse und kann später Erinnerungsstütze sein), wer nun für was zuständig ist, wie weiterhin verfahren wird.
- Ich achte während des Gesprächs auf den **Kontakt** zwischen uns: offene Körperhaltung, Blickkontakt, einleitende Worte, aktives Zuhören, Geduld; klärendes (nicht interpretierendes!) Nachfragen. Wichtig ist es auch, während des Gespräches den „inneren Draht" zu halten.

8 Veränderungen nachhaltig bewirken: Förderplanung

Um Veränderungen nachhaltig zu bewirken und **Entwicklung zu ermöglichen**, bedarf es manchmal einer längerfristig angelegten Form des Handelns, die in einer systematischen Förderplanung ihren Ausdruck findet und Verbindlichkeit herstellt. Hierbei wird dokumentiert, in welcher Form alle Beteiligten Verantwortung zu übernehmen haben, also nicht nur die Lehrerinnen und Lehrer, sondern auch die Eltern und vor allem auch die Kinder selber. Es empfiehlt sich eine Vorgehensweise nach förderdiagnostischen Prinzipien in folgender Weise:

1. **Ich beobachte und beschreibe ein Verhalten des Kindes:** Eine gewinnbringende Verhaltensbeobachtung ist bewusst und zielgerichtet: Ich schaue heute im Sportunterricht darauf, wie Peter sich bei der Mannschaftszusammenstellung verhält. Beim Elternsprechtag beobachte ich, wie Lisa und ihre Mutter miteinander umgehen. Dabei ist es bedeutsam, das Kind in mehreren Situationen (Wie verhält es sich im Klassenunterricht und in der Pause? Wie verhält es sich gegenüber Gleichaltrigen und Erwachsenen?) und über einen längeren Zeitraum zu beobachten. Die Beobachtungen von Kollegen sind ebenfalls hinzuzuziehen. Dies verhindert, dass eigene, bereits festgelegte Erwartungen und Einstellungen das Bild verzerren. Für die darauf folgende Verhaltensbeschreibung ist wichtig, dass das Verhalten beobachtbar ist und es so konkret und eindeutig wie möglich, ohne eigene Interpretationen, beschrieben wird: Peter steht beim Aufstellen nicht lange still und rempelt rasch andere Kinder an. Nicht: Peter ist beim Aufstellen aggressiv.

2. **Ich habe eine begründete Ursachenvermutung:** Um Ursachen vermuten zu können, bedarf es eines fundierten und theoretisch begründeten Fachwissens anstelle bloßer Alltagstheorien. Ein Weg dahin ist, auf Gelerntes zurückzugreifen, Erfahrungen hinzuzuziehen – auch die von Kolleginnen – (vgl. Kapitel 6.2) und außerdem den neueren fachtheoretischen Erkenntnissen auf der Spur zu bleiben.

3. Ich entwickle daraus unterschiedliche konkrete Förderziele: Vielleicht erscheint es zunächst so, als seien sehr viele Ziele gleichzeitig wichtig. Eine ökonomisch begrenzte Zielauswahl, welche sinnvolle Schwerpunkte setzt, ist jedoch effektiver als ein Verzetteln in einer unrealistischen Vielfalt. Förderziele müssen in erster Linie umsetzbar sein, das bedeutet, man muss sie morgen im Klassenunterricht einsetzen können. Sie müssen sehr konkret beschrieben und überprüfbar sein: Peter meldet sich in jeder Stunde 5-mal. Nicht: Peter soll sich mehr am Unterricht beteiligen. Zudem ist es unbedingt notwendig, sie in überschaubare Etappen einzuteilen, um das Kind und sich selbst nicht zu überfordern. Lisa kann fünfzehn Minuten ihre Mathematikaufgaben bearbeiten, bevor sie eine Pause macht. Nicht: Lisa arbeitet während des Mathematikunterrichtes konzentriert mit.

4. Ich leite unterschiedliche Handlungsmöglichkeiten ab: Hier ist es von Bedeutung, kreativ sowie mehrdimensional zu denken und zu handeln: Man kann auf bewährte Interventionen zurückgreifen, aber auch einmal Anleihen bei anderen Ideen machen (z. B. eine Einheit aus einem psychologischen Trainingsprogramm anwenden) oder ungewöhnliche Dinge einsetzen (z. B. Situationen humorvoll umstrukturieren; s. Kapitel 9.6.). Auch hier gilt: Eine in Bezug auf Zeit, Raum und Schüleranzahl realistische Planung erspart Frustration.

5. Ich halte diese Überlegungen in einem für alle Beteiligten transparenten Förderplan fest und überprüfe sie nach einer bestimmten Zeit: Es gibt viele verschiedene Dokumentationsformen für Förderpläne. Einen Vorschlag finden Sie in Kapitel 8.2. Bezogen auf die Zeitabstände der Überprüfung ist es sinnvoll, in überschaubaren, nicht zu langen Zeitabständen zu planen, denn ein wichtiges Kriterium für einen brauchbaren Förderplan ist, dass dieser im Alltagsgeschehen präsent bleibt. Eine Terminierung von Ferien zu Ferien hat sich hier bewährt.

8.1 Der Weg zu einer Förderplanung

Wir zeigen den Weg zu einer Förderplanung auf, indem wir das komplexe Geschehen (Beobachten, Vermuten, Handeln, Auswerten, weitere Schritte) zunächst einmal ausführlich darstellen und anschließend – nur auszugsweise – in einer möglichen prägnanten Dokumentationsform veranschaulichen.

Lern und Arbeitsverhalten Tom

Tom (fast 8 Jahre alt; Klasse 2) nimmt gemeinsam mit sechs weiteren Kindern aus der Klasse an der Leseförderung teil. Diese findet jeweils donnerstags in der 3. und 4. Stunde im Medienraum der Schule statt.

Allgemeines Verhalten

Beobachtungen: Tom verhielt sich anfangs sehr unruhig. Er konnte nicht mehr als zwei, drei Minuten ruhig am Platz sitzen und seine Aufgaben bearbeiten. Die verschiedenen Gegenstände im Raum gaben immer wieder Anlass, aufzustehen, etwas anzufassen und Fragen zu stellen. Eine besondere Anziehungskraft übte meine Klappbox mit Materialien aus. Er wühlte darin herum und mehr als einmal wurde etwas unbrauchbar.

Vermutung:
- Offensichtlich verursachen neue Situationen und die damit verbundene Vielzahl an neuen Informationen (räumliche Gegebenheiten, neue Bezugsperson, eine andere Gruppenkonstellation) eine Reizfülle, die Toms Verarbeitungs- und damit Steuerungsvermögen stark überfordern.
- Informationen muss Tom sehr basal aufnehmen und verarbeiten (nahe herantreten, anfassen, Dinge durch Ziehen, Reißen „ausprobieren").

Handeln:
- Strukturierungshilfen und Orientierungshilfen: visualisierte Übersicht über die Stunde, Zieltransparenz, Mitverfolgen des Stundenverlaufes anhand von Klebepunkten, Nutzung von Ritualen und wiederkehrenden Handlungsschemata; z.B. verlief anfänglich jede Stunde nach dem gleichen Schema:
  1. Begrüßung
  2. Blitzlicht: „Wie geht es euch? Gibt es etwas aus der Pause zu besprechen?"
  3. Gelegenheit zum Anschauen, zum Anfassen und zum Fragen stellen: „Das habe ich heute mitgebracht."
  4. Übersicht über die Stunde (als Tischvorlage, mit wiederkehrenden Symbolen versehen)
  5. Bekanntgabe des Zieles
  6. verschiedene Leseübungen (zwischendurch Bewegungspausen mit anschließendem Ruheritual)
  7. Feedback und Ausblick

- Unterstützung der Informationsverarbeitung durch gezielte Bewegungs- und Entspannungspausen (bei uns Fitness-Übungen genannt). Es werden vestibuläre, kinästhetische und taktile Wahrnehmungsbereiche angesprochen, die hilfreich für die neurologische Organisation und damit für die Informationsverarbeitung sind: Übungen auf der Balancierscheibe, Flugzeughaltung auf dem Stuhl einnehmen, sich als Krafttraining gegenseitig über eine Linie schieben oder drücken, mit dem Igelball massieren.
- Positive Verstärkung in sehr kurzen Zeitabständen: Lob sowie Sternchenaufkleber, die Tom nach Erreichen einer bestimmten Anzahl gegen eine kleine Belohnung eintauschen kann.
- Spiegeln des Verhaltens: „Tom, du stehst gerade wieder auf. Wenn du an die Drucker gehst, geht vielleicht etwas kaputt." „Tom, du arbeitest momentan sehr konzentriert. Das Thema scheint dich zu interessieren."

Auswerten: Tom lernt zunehmend, sich zu steuern und nicht jedem neuen Reiz nachzugeben. Dies schließe ich daraus, dass er in neuen Räumen (manchmal ist aus schulorganisatorischen Gründen ein Raumwechsel notwendig) die anfänglich beschriebene Unruhe nicht mehr zeigt. Er läuft kurz herum, um sich umzusehen und setzt sich dann in angemessener Zeit an seinen Arbeitsplatz.

Auch schafft er es inzwischen, nicht an meine Materialien zu gehen oder zumindest zu fragen. Die Bewegungs- und Entspannungsübungen helfen offensichtlich, das Verhalten und die Aufmerksamkeit insgesamt zu stabilisieren. Tom schlägt inzwischen selbst Übungen vor.

Weitere Schritte:
- Ausdehnung der Zeitabstände, in denen materiell verstärkt wird
- Stärkung der Eigenbeobachtung durch geleitete Gespräche
- Öffnung der Unterrichtssituationen: Pausen auf dem Spielplatz verbringen; Unterrichtsgang zum anliegenden Autohändler

Aufmerksamkeit und Konzentration

Beobachtungen: Anfangs wandte Tom sich nur für wenige Minuten einer Aufgabe zu. Er äußerte z.B.: „Immer das Gleiche, langweilig. Wann ist die Stunde zu Ende?" Manchmal lief er aus dem Raum und versteckte sich auf dem Flur. Es war dann schwierig für ihn, zurückzukommen und sich erneut auf die Arbeit einzulassen. Oder er sagte: „Ich kann das nicht. Die Seite ist auch viel zu klein."

Vermutung: Die Konzentration auf ein Thema, eine Aufgabe, eine unterrichtsbezogene Tätigkeit kostet Tom sehr viel Energie. Zudem scheint sich die Befürchtung, den Anforderungen nicht zu genügen, als Misserfolgserwartung und Aufgabenvermeidung generalisiert zu haben.

Handeln:
- Beteiligung an der Themenwahl, um den Zugang zu unterrichtlichen Inhalten zu erhöhen und damit auch die Bereitschaft, sich anzustrengen und für eine Sache einzusetzen
- Umstrukturierung der Aufgabenstellung: Tom diktiert mir teilweise die Antworten oder er bearbeitet einen Teil der Aufgaben (die Menge wird vorher vereinbart und mit einem Klebepunkt markiert) und bekommt dann Hilfe von einem der beiden Mitschüler.
- Stärken hervorheben: Toms vorhandene Fähigkeiten hebe ich konsequent hervor und integriere sie in den Unterricht: Er bezeichnet sich als Erfinder und darf zwischendurch etwas konstruieren (mit Lego-Technik, mit den Teilen eines defekten Ventilators).
- Anknüpfen an vorhandenes Wissen: Das rudimentär von Tom geäußerte Wissen über Geländewagen (Federung, Allradantrieb etc.) greife ich auf und erweitere es durch gezielte Informationen. Dabei erlebt er sich zunehmend als Experte auf diesem Gebiet.
- Einbeziehung der Mutter: Sie hilft Tom bei der Auswahl gezielter Fernsehsendungen zu bestimmten Themen, über die Tom dann berichtet.

Auswerten: Die Phasen aufgabenbezogener Konzentration und Auseinandersetzung mit den Unterrichtsinhalten sind deutlich länger geworden. Dies schließe ich aus der themenbezogenen Mitarbeit in mündlichen Phasen und aus der gezeigten Bereitschaft, sich schriftlichen Aufgaben (ohne Protest oder Ablenkungsversuche) zuzuwenden. Dabei bearbeitet Tom inzwischen einen großen Teil der gestellten Aufgaben.

Weitere Schritte:
- Weiterer Aufbau der Erfolgszuversicht durch Vermitteln von Erfolgserlebnissen und Stärkung der Expertenrolle; Ausbau des Durchhaltevermögens durch zunehmenden Kompetenzerwerb: Je kompetenter Tom sich erlebt, umso mehr kann er auch leisten.
- Stärkung einer realistischen Selbsteinschätzung: „Was kann ich gut? Was kann ich momentan gar nicht? Was möchte ich lernen?"
- Gespräch mit der Mutter, dass Tom eine Stunde vor dem Schlafengehen nicht mehr Fernsehen schaut.

8.2 Beispiel für einen Förderplan

Förderplan für: Tom
Erstellt von: Frau Meier (Klassenlehrerin) zusammen mit Tom und Frau Müller (Mutter)
Zeitraum: 15.10. (Herbstferien) bis 23.12. (Weihnachtsferien)

Beobachten	Vermuten	Handeln	Auswerten/Weitere Schritte
Lern- und Arbeitsverhalten: Tom sitzt nur wenige Minuten auf seinem Platz, beginnt dann herumzulaufen und Dinge anzufassen.	Zu viele Informationen und Reize gleichzeitig überfordern sein Verarbeitungs- und Steuerungsvermögen. Er muss Informationen basal aufnehmen und verarbeiten.	• Strukturierungs- und Orientierungshilfen • Unterstützung der Informationsverarbeitung • Positive Verstärkung in kurzen Zeitabständen • Spiegeln des Verhaltens	Er läuft nur noch kurz herum, um sich umzusehen und setzt sich dann in angemessener Zeit an seinen Arbeitsplatz • Ausdehnung der Zeitabstände, in denen materiell verstärkt wird • Stärkung der Eigenbeobachtung durch geleitete Gespräche • Öffnung der Unterrichtssituationen: Pausen auf dem Spielplatz verbringen; Unterrichtsgang zum anliegenden Autoändler.

Vereinbarungen mit dem Kind: Tom bekommt für gelungenes Verhalten Sternchen, jeweils 10 Sternchen kann er in eine kleine Belohnung eintauschen.

Vereinbarungen mit Erziehungsberechtigten:

9 Materialien und Übungen

Zu unseren vorangegangenen Ausführungen stellen die folgenden Materialien und Übungen konkrete und anschauliche Umsetzungsmöglichkeiten dar. Sie sind von uns in der Praxis erprobt und haben sich dort als hilfreich erwiesen. Auf eine Zuordnung zu einzelnen Kapiteln wurde bewusst verzichtet, da sie im Umgang mit unterschiedlichen Störungen helfen.

9.1 Erfolgreiche Gruppen aufbauen

Folgende Aussagen sind charakteristische Merkmale einer erfolgreichen Gruppe. Es können sowohl Lerngruppen gemeint sein – in der Regel also Ihre Klasse – als auch – in modifizierter Form Ihr Kollegium.

> Wir sind für unser Lernen und Verhalten verantwortlich.
>
> Wir akzeptieren uns.
>
> Wir reden offen miteinander.
>
> Wir arbeiten miteinander.
>
> Wir machen schöne Dinge miteinander.
>
> Wir haben Regeln, um Dinge zu klären.
>
> Wir setzen uns mit Problemen auseinander
> und versuchen diese zu lösen.

Ins Bewusstsein rufen: Gestalten Sie oben stehendes Plakat in großer Ausführung für die Klasse, lassen Sie alle Kinder unterschreiben und vergessen Sie dabei Ihre eigene Unterschrift nicht.

Ins Gespräch kommen: Auch wenn oben genannte Aussagen vermutlich von allen Gruppenmitgliedern akzeptiert werden können, wird es doch sehr individuelle Vorstellungen geben, was konkret gemeint ist. Da aus unterschiedlichen Vorstellungen heraus Missverständnisse und Enttäuschungen entstehen, lohnt sich eine konstruktive Auseinandersetzung mit den verschiedenen Verstehensweisen:

Was heißt: „Wir sind für unser Lernen und Verhalten verantwortlich"? Was heißt: „akzeptieren"? Was heißt: „Offen miteinander reden?" Was sind schöne Dinge, die wir miteinander tun können? Welche Regeln brauchen wir für welche Situation? Wie können wir uns ertragreich mit Problemen auseinandersetzen? Welche Lösungswege gibt es?

- Wählen Sie eine momentan für die Gruppe wichtige Aussage.
- Schreiben Sie und die Kinder Sätze dazu: „Was heißt für mich ...?", wobei jede Antwort auf einen eigenen Zettel kommt.

Auswerten und sich auf den Weg begeben: Die Zettel mit den Ergebnissen werden unter folgender Fragestellung ausgewertet und auf vorbereitete Plakate geklebt:

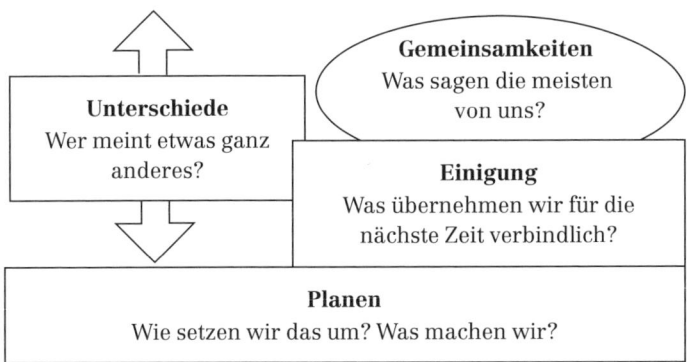

9.2 Selbstwertgefühl stärken

Eine erfolgreiche Gruppe lebt von Gruppenmitgliedern, die sich ihrer eigenen Fähigkeiten und Stärken bewusst sind und deren Kompetenzen systematisch aufgegriffen und gefördert werden: Wie dies funktionieren kann, finden Sie in den nachfolgenden Anregungen, die an EVERETT/STEINDORF (2004, S. 101 f.) angelehnt sind:

Jedes Kind hat einen Namen:
- Sprechen Sie die Kinder möglichst oft mit dem Namen an.

- Klären Sie in einer Unterrichtsstunde die Bedeutung und die Herkunft des Namens.
- Gestalten Sie Bilder zu den Namen der Kinder.
- Gestalten Sie Gedichte zu den Namen der Kinder: z. B. Akrostichons.

Jedes Kind wird von mir wahrgenommen:
Schütteln Sie den Kindern morgens zur Begrüßung die Hand.
- Unterhalten Sie sich mit allen Schülerinnen und Schülern.
- Machen Sie Fotos von den Kindern und erzählen Sie ihnen, was Sie darauf sehen: „Ich sehe ein Kind, das sehr gerade sitzt und stolz auf seine Kappe ist. Dieses Kind hat ein Lächeln in den Augen …"
- Wählen Sie für sich jeden Tag drei bis vier Kinder. Machen Sie jedem einzelnen ein Kompliment, zollen Sie ihnen Anerkennung, machen Sie positive Bemerkungen, damit sie sich wichtig fühlen, sowohl für sich selbst als auch vor der ganzen Klasse. Am nächsten Tag wählen Sie andere. So gehen Sie weiter vor, bis alle aus der Klasse einmal dran waren.
- Eine andere Möglichkeit ist, eine „Tageskönigin" oder einen „Tageskönig" zu bestimmen. Dieses Kind darf beispielsweise bestimmen, welches Spiel gespielt wird oder es darf beliebte Tätigkeiten ausführen.

Jedes Kind kann etwas:
- Bieten Sie jedem Kind unterschiedliche Möglichkeiten, erfolgreich zu sein; z. B. Experte für die Pflanzen auf der Fensterbank, für die Computer, für verschiedene Schneidearbeiten, für die Technik.
- Stellen Sie die Arbeiten der Kinder aus; z. B. auf einem Ausstellungstisch in der Klasse oder auf dem Flur. Denkbar ist auch eine Ausstellung am Elternabend, die im Elternbrief angekündigt wird.
- Übertragen Sie jedem Kind eine Aufgabe und damit Verantwortung im Klassenzimmer.
- Halten Sie den individuellen Lernzuwachs der Kinder fest; z. B. indem Sie Teilziele eines Unterrichtsinhaltes aufschreiben und mit Klebepunkten markieren, was das einzelne Kind erreicht hat.
- Nehmen Sie sich die Zeit, die positiven Aspekte der Arbeiten Ihrer Kinder herauszustreichen, z. B. innerhalb einer ritualisierten Feedback- oder Lobrunde.

Jedes Kind hat Hilfe verdient:
- Ermutigen Sie die Kinder zu einer aktiven Fragehaltung. Sammeln Sie „kluge" Fragen auf einem Plakat oder als Zettel in einem Kästchen. Kritisieren Sie Fragen nicht.

- Nehmen Sie sich die Zeit, den Kindern zu helfen, den Unterrichtsstoff zu verstehen.
- Unterstützen Sie die Kinder, ein Versagen in eine positive Lernerfahrung zu verkehren.
- Ermutigen Sie die Kinder, Risiken einzugehen und ein kleines Stück über sich selbst hinauszuwachsen.
- Geben Sie den Schülern Gelegenheiten, eigene Entscheidungen im Hinblick auf die Klasse zu treffen – eventuell, welches Papier und welche Farbe für bestimmte Arbeiten verwendet werden sollen.

Jedes Kind ist Experte für sich selbst:
- Mutmaßen Sie nicht allein über das Verhalten eines Kindes. Fragen Sie das Kind selbst. Dabei können folgende einleitende Worte helfen: „Ich möchte dich verstehen. Dabei kannst du mir bestimmt helfen …"
- Lassen Sie die Kinder die Konsequenzen ihres Verhaltens tragen – behüten Sie sie nicht zu sehr.
- Geben Sie den Kindern die Freiheit, in verschiedenen Situationen Handlungsmöglichkeiten auszuprobieren.

Jedes Kind ist ein verantwortliches Mitglied einer Gemeinschaft:
- Geben Sie den Kindern Gelegenheit, miteinander zu arbeiten (Partner- oder Teamarbeit).
- Geben Sie den Kindern Gelegenheit, verantwortlich miteinander umzugehen; z.B. indem sie Regeln des Miteinanders aufstellen.
- Geben Sie den Kindern Gelegenheit, sich über die Art und Weise ihres Umgangs miteinander auszutauschen; z.B. durch regelmäßige Feedbackrunden.

9.3 Konflikte in der Gruppe klären

Folgende Vorgehensweise empfiehlt sich zur Klärung von Streitigkeiten (angelehnt an das Konzept der Streitschlichtung):

Bei Konflikten, sei es, dass sie offen sind oder eher im Hintergrund schwelen, werden die „Streitenden" gefragt, ob sie ihre Probleme gemeinsam mit der Klasse klären möchten. Dabei hat sich folgendes Setting nach einer Weile so automatisiert, dass die Kinder manchmal ganz ohne Zutun „loslegen":

- Es wird ein Stuhlkreis gebildet. Die Streitenden können sich jemanden als Person des Vertrauens aussuchen, neben der sie sitzen wollen. Dies stärkt und unterstützt ungemein.
- Ein Kind aus der Klasse holt den Gesprächsstein und die Gesprächsregeln (s. u.), letztere werden in die Mitte des Stuhlkreises gelegt. Auf diese kann bei Bedarf auch nonverbal hingewiesen werden.
- Die Streitenden dürfen nacheinander ihre jeweilige Sichtweise des Vorgefallenen erzählen. Das Los entscheidet, wer anfangen darf. Ich überreiche den Gesprächsstein und weise dabei darauf hin, dass die oder der andere anschließend drankommt. Wichtig ist, dass jeder zunächst ohne Unterbrechung/Kommentar/Wertung erzählen kann.
- Nach dieser ersten Runde können wir als Gruppe Verständnisfragen stellen, wobei das Weiterreichen des Steines als Gesprächshilfe dient.
- Dann frage ich die beiden Streitenden einzeln, ob sie oder er dem jeweils anderen etwas sagen möchte. Daraus entwickelt sich oft ein (Streit-)Gespräch, bei dem die beiden ihr Problem verbal austragen können.
- Ich frage auch, was sich jeder Einzelne von dem anderen wünscht (oder von uns als Gruppe). Manchmal löst sich an dieser Stelle schon die Spannung und die beiden vertragen sich. Manchmal brauchen die beiden aber auch die Unterstützung der übrigen Gruppe. Ich spiegel die jeweiligen Gefühle und stärke die emotionale Verfassung durch Techniken des aktiven Zuhörens: verständnisvolles Nicken, zugewandte Körperhaltung, empathische Stimme etc.
- Dann frage ich, wer aus der Gruppe eine Idee zur Lösung hat. Es wird darauf geachtet, dass sich die Sprechenden persönlich ansprechen (also nicht über den anderen sprechen) und sich beim Sprechen anschauen.
- Die beiden Streitenden werden wieder einzeln gefragt, ob sie den Vorschlägen zustimmen können (manchmal bringen diese an dieser Stelle dann auch eigene Ideen ein).
- Kann nur einer zustimmen, vertagen wir das Ganze: Denjenigen, der nicht zustimmen mag, bitte ich ausdrücklich, den anderen für eine Weile einfach nur in Ruhe zu lassen. Diesen Appell kann evtl. auch die Freundin bzw. der Freund übernehmen.
  Die Erfahrung hat sehr oft gezeigt, dass „Vertagen" heißt, sich am Ende ohne unser Zutun wieder zu vertragen.
- Stimmen beide einer vorgeschlagenen Lösung zu, bitte ich die beiden Streitenden, sich (wenn möglich) die Hand zu geben und das „Kriegsbeil" zu begraben. Das Kriegsbeil ist in diesem Fall ein Vorstellungsbild; bei jüngeren Kindern kann man auch aus Pappe ein „Kriegsbeil" basteln lassen und verwenden.

Aus den folgenden Lösungsvorschlägen können sich die Kinder etwas Passendes heraussuchen. Sie spiegeln die Erfahrungen aus der Praxis wider. Dabei ist auch mitbedacht, warum sich zwei oder mehrere immer wieder streiten (so kann z. B. dahinter auch der eigentliche Wunsch nach Kontakt oder sogar Freundschaft stehen). Übernehmen Sie Ideen aus Ihren Gruppen, die ja jeweils von einer spezifischen Dynamik geprägt sind.

Lösungsvorschläge, um Konflikte zu klären:
Wir vertragen uns wieder.
Wir schließen einen „Waffenstillstand" und lassen uns in Ruhe.
Ich suche mir einen anderen Sitzplatz
Ich entschuldige mich.
Ich bemühe mich um Wiedergutmachung.
Ich sage dem anderen etwas Nettes.
Wir sagen uns gegenseitig etwas Nettes.
Wir überlegen, ob wir in der nächsten Pause gemeinsam etwas spielen.
Wir überlegen, ob wir uns nicht einmal nachmittags verabreden.

Miteinander reden

Ich höre zu, wenn jemand spricht.

Ich rede, wenn ich den Gesprächsstein habe.

Ich bleibe cool, auch wenn es Probleme gibt.

9.4 Mit Eltern und Kindern sprechen

Gespräch mit: _____ am: _____   Inhalte klären und Ergebnisse anstreben

Lehrperson	
Darüber möchte ich sprechen:	Ein gutes Ergebnis heute wäre, wenn …

Eltern	
Darüber möchte ich sprechen:	Ein gutes Ergebnis heute wäre, wenn …

Kind	
Darüber möchte ich sprechen:	Gut wäre heute, wenn …

Zeitrahmen festlegen   Unser Gespräch dauert voraussichtlich bis:

Ergebnisse festhalten   (Erkenntnisse/Verabredungen/Einigungen etc.)   Wir haben heute Folgendes erreicht:

Ausblick   Wir reden wieder miteinander am:

9.5 Zu Selbstinstruktion und planvollem Handeln anleiten

Selbstinstruktion und Arbeiten nach Plan bedienen sich metakognitiver Strategien. Diese bewirken, dass sich das Kind seiner Tätigkeiten bewusst wird und darüber reflektiert. Es befindet sich sozusagen auf einer Ebene über dem eigentlichen Handeln und kann inadäquate Handlungsfolgen leichter erkennen. Selbstinstruktion und Arbeiten nach Plan bieten die Chance einer größeren Steuerungsfähigkeit und Systematisierung des Handelns. Aus entwicklungspsychologischen Gründen funktionieren diese Strategien umso besser, je älter die Kinder sind. Aber erfahrungsgemäß sind Angebote des plan-vollen Vorgehens auch für jüngere Kinder eine Hilfe.

Selbstinstruktion

Ich sehe mir alle Aufgaben genau an.
– alles symbolisch mit einer Lupe betrachten

Welche sind leicht für mich? *– einen grünen Klebepunkt aufkleben*

Wobei brauche ich Hilfe? *– einen roten Klebepunkt aufkleben*

Ich beginne mit den leichten Aufgaben. *– arbeiten*

Danach hole ich mir Hilfe. *– fragen*

Wie viel habe ich geschafft? *– nachzählen*

Arbeiten nach Plan

Aufgabe: Was soll ich tun?

Material: Was brauche ich?

Schwierigkeiten: Wo bekomme ich Hilfe?

Verbessern: Wie kann ich einen Fehler beseitigen?

Teilziele: Wie viel arbeite ich, bevor ich eine Pause mache?

Erholung: Was mache ich in der kleinen Pause?

Verhaltenssteuerung an die Schülerinnen und Schüler abgeben

Für diejenigen, die mit der momentanen Situation überfordert sind und sich gar nicht mehr konzentrieren können, dienen folgende Unterstützungsangebote, mit deren Hilfe sie sich in Eigensteuerung Entlastung verschaffen können. Dabei gilt als Prinzip, nach tatsächlicher Entlastung zu suchen, *ohne* die anderen aus der Klasse zu stören.

Ich suche nach Abhilfe, wenn ich mich nicht mehr konzentrieren kann
✓ Ich suche mir einen ruhigen Sitzplatz (hinter dem Regal).
✓ Ich setze mich auf den Sitzball.
✓ Ich lasse mich einige Minuten mit dem Igelball massieren.
✓ Ich trinke ein großes Glas Wasser.
✓ Ich höre 5 Minuten über Kopfhörer Entspannungsmusik.
✓ Ich trage während der Arbeit einen Bauarbeiterkopfhörer.
✓ Ich stelle einen Sichtschutz zu meinem Nachbarn auf.
✓ Ich mache 10 Liegestütze im hinteren Klassenraum.
✓ Ich laufe eine Runde über den Schulhof (Regel beachten).

9.6 Situationen humorvoll umstrukturieren

Wieder einmal ungefragt eine Antwort in die Klasse gerufen, das Geschehen lautstark kommentiert, durch die Klasse gelaufen, obwohl die Absprache kurz vorher eine andere war? Manche Kinder spüren sich selbst so wenig, dass sie gar nicht merken, was sie tun. Werden sie auf ihr Verhalten angesprochen, sagen sie empört: „Aber ich habe doch gar nichts gemacht." Und das entspricht tatsächlich ihrem subjektiven Empfinden. „Kleinere Verstöße" können Sie ohne lange Diskussionen auch einmal humorvoll bewusst machen und in eine zielgerichtete Aktion umstrukturieren – die zudem noch den Vorteil hat, dass sie dem Betreffenden eine offensichtlich benötigte kleine Pause verschafft.

Einen kleinen Beutel mit Holzbuchstaben von beispielsweise A bis H füllen sowie mit einem Igelball, einem Seilchen und der beigefügten Liste, die verrät, was das betreffende Kind machen muss, nachdem ein Buchstabe gezogen wurde. Wenn keine Buchstaben zur Verfügung stehen, können Sie auch kleine Kärtchen laminieren, die mit Buchstaben beschriftet wurden.

Variieren Sie die Aufgaben von Zeit zu Zeit je nach Bedürfnislage Ihrer Klasse; achten Sie auch auf Ideen und Vorschläge der Kinder.

👉👉👉👉 **„Strafzettel"** 👉👉👉👉

A   10 Liegestütze

B   10 Hampelmannsprünge

C   einmal die Treppe herauf- und herunterlaufen

D   15 Seilchensprünge

E   auf einem Bein durch die Klasse hüpfen

F   der Klasse vier nette Sätze sagen

G   10 Kniebeugen

H   ein anderes Kind 5 Minuten mit dem Igelball massieren

9.7 Wachsamkeit und (innere) Ruhe fördern

Wachsamkeit und innere Ruhe stellen sich ein, wenn man sich selbst spüren kann und bei sich ist. Dazu ist es wichtig, möglichst viele Sinne sinnvoll anzusprechen und das Da-sein im Augenblick anzuregen, denn in der Regel sind wir in Gedanken schon drei Schritte weiter oder wir versuchen, mehrere Dinge gleichzeitig zu machen.

Ruhe fühlen

Ein Kind legt sich auf eine Decke und schließt nach Möglichkeit die Augen. Während ruhige Musik läuft, decken zwei Kinder das Kind langsam mit Bögen von Zeitungspapier zu (bei den Füßen beginnen).

Achtung: Es muss unbedingt vorher abgesprochen werden, ob auch der Kopf zugedeckt werden soll.

Variante: Mit kleinen Handtüchern zudecken oder den Körperumriss mit Bierdeckeln nachlegen.

Ruhekissen herstellen

Jedes Kind bemalt eine unbedruckte Leinentasche mit seinem gewünschten Motiv: z. B. mit vielen bunten Blumen, mit einem Sternenhimmel, mit Symbolen oder Wörtern, die mit Ruhe assoziiert werden. Das Letztere ist für ältere Schülerinnen und Schüler geeignet). Die Tasche wird mit einem weichen Material (Schaumstoff, Stoffreste, Watte) gefüllt und unterhalb der Tragegriffe zugenäht.

Den Körper spüren

Gezielte Bewegungen zwischendurch helfen, die Energiereserven zu mobilisieren, indem Sauerstoff getankt werden kann und die Muskeln und Gelenke in eine andere Position gebracht werden. Am besten werden solche Übungen bei weit geöffnetem Fenster durchgeführt, wobei das Schließen des Fensters gleichzeitig das Ende dieser Phase signalisiert. Dies kann als gut sichtbares Signal für diejenigen Kinder hilfreich sein, die Schwierigkeiten haben, wieder in die Arbeitsphase zurückzufinden. Deshalb ist es auch wichtig, nach einer Bewegungspause eine Ruheübung durchzuführen, die als festes Ritual an die Bewegungspause gekoppelt ist (z. B. den Kopf auf den Tisch legen und erst dann wieder anheben, wenn der Klang einer Klangschale verklungen ist).

- Stelle dich hinter deinen Stuhl. Stelle dich ganz gerade und aufrecht hin. Bleibe so und zähle langsam bis fünf.
- Atme tief ein und halte dann die Luft an. Bleibe so und zähle bis fünf.
- Atme tief aus und werde ganz schlapp. Hocke dich dabei hin. Stelle dir vor, dass du ein schlapper Luftballon bist.
- Du bist so schlapp, dass du fast auf der Erde liegst. Und du beginnst zu pusten: pffhhh pffhh. Du füllst dich mit Luft. Der Luftballon wird größer und größer.
- Der Luftballon wird noch größer. Stehe langsam dabei auf. Mache dich ganz groß und dick.
- Bleibe so und zähle bis fünf. Jetzt kommt eine Nadel und sticht in den dicken Luftballon: pffhh … die Luft geht langsam wieder raus. Setze dich wieder hin.

Die Hände und Finger spüren

Besonders ungeübt Schreibende oder Kinder mit Schwierigkeiten in der sensomotorischen Entwicklung benötigen Übungen, die helfen, sich beim

Schreiben zu spüren bzw. die verkrampften Handgelenke und Finger zu entlasten.

Fingergymnastik

- Streckt eure Finger nach oben aus und schließt sie dann fest zu einer Faust zusammen. Macht dies einige Male.
- Streckt nun alle Finger nach oben aus. Beugt jetzt nur die beiden Daumen. Und jetzt den Zeigefinger ... den Mittelfinger etc.
- Ballt eure Hände ganz fest zu Fäusten, so als müsstet ihr einen harten Gegenstand zerdrücken. Haltet an, so lange ihr könnt und lasst dann los.
- Schüttelt eure Finger und Hände locker aus.
- Jetzt reibt eure Hände fest aneinander, so als würdet ihr sie einseifen.
- Massiert jeden einzelnen Finger und genießt, wie eure Hände warm und weich werden (Idee nach LIEBERTZ 2002).

Feurige Hände

Auch bei dieser Übung, kann man die Hände wieder spüren und sich zwischendurch entspannen (Idee aus LIEBERTZ 2002).

- Reibt eure Handflächen ganz fest aneinander, bis sie warm werden ...
- Das geht noch viel fester: die Innenseiten müssen brennen wie Feuer!
- Nun schließt eure Augen und legt die feurigen Handballen auf eure Augenlider. Spürt die Wärme auf den Augen, atmet ruhig ein und aus ...

Achtung: Die Hände sollten gleichmäßig gerieben werden.

Bälle aus Zeitungspapier

Für manche Kinder ist es einfacher, die Hände zu spüren, wenn sie mit Material hantieren können: Lassen Sie eine Zeitungsseite zerknüllen und durch Drücken und Rollen zu einer möglichst glatten Kugel formen. Auch dabei entsteht Anspannung und Entspannung. Die so entstandenen Kugeln können später zu Ballspielen verwendet werden, z.B. zum Zielwerfen in den Papierkorb. Sie können auch einen Wettbewerb daraus machen:

Wettbewerb: Wer schafft die schönste Kugel?

Streichelgeschichten

- Jedes Kind wählt einen Partner.
- Kind A führt die von der Lehrperson vorgemachten Bewegungen auf dem Rücken von Kind B aus (Rollen anschließend tauschen).
- Kind B liegt dabei bäuchlings auf einer Decke (in der Turnhalle) oder setzt

sich rittlings auf den Stuhl (im Klassenzimmer). Dabei sind die Augen möglichst geschlossen. Anschließend werden die Rollen getauscht.

- Erklären Sie den Kindern, dass sie mit Gefühl vorgehen sollen, d. h. langsam und behutsam, und sie mit der Wirbelsäule vorsichtig sein sollen.
- Zum Schluss geben sich die Kinder eine Rückmeldung:
  „Waren meine Berührungen angenehm auf deinem Rücken?
  War ich vorsichtig genug?
  Hättest du mich lieber fester gespürt?"

Folgende Geschichte dient als Anregung. Die Kinder erfinden (ggfs. mit Hilfe von Stichwörtern) gern eigene Geschichten, die z. B. passend zu den jeweiligen Unterrichtsinhalten sein können.

Lars, der kleine Eisbär
Die Sonne scheint.
Mit beiden Handflächen einen großen Kreis zeichnen.
Die Sonnenstrahlen tanzen auf dem Wasser.
Mit den Fingerspitzen leicht trommeln.
Die Wellen schaukeln hin und her.
Mit einer Hand große wellenförmige Bewegungen machen.
Lars läuft übermütig am Ufer entlang.
Die Hände abwechselnd aufsetzen und Laufbewegungen imitieren.
Die Sonne scheint ihm warm auf den Rücken.
Mit der Handfläche kräftig den Rücken reiben.
Er schnappt nach den glitzernden Sonnenstrahlen.
Mit den Fingern (vorsichtig) die kleinen Fettpolster erfassen.
Platsch. Lars fällt ins Wasser und strampelt mit den Pfoten.
Mit abwechselnden Handflächen schnell klopfen.
Die Wassertropfen spritzen.
Mit den Fingerspitzen leicht klopfen.
Eine Eisscholle schiebt sich langsam heran.
Beide Hände unten auf den Rücken legen und kräftig nach oben schieben.
Lars schwimmt dort hin und versucht sich am Rand festzukrallen.
Vorsichtig in die Fettpölsterchen „krallen".
Er zieht sich daran hoch. Uff, das ist schwer.
Langsam mit beiden Händen von unten nach oben „kneten" und
das andere Kind an der Schulter festhalten.
Geschafft: Lars steht auf der Eisscholle. Und sie schwimmt gemütlich davon.
Die Schultern des Kindes erfassen und leichte Schaukelbewegungen machen.

Stille hören

Die Kinder sitzen entspannt auf dem Stuhl (dies kann auch rittlings sein). Alle haben ein Blatt Papier vor sich sowie Schreibwerkzeug.

- Setzt euch bequem hin.
- Gleich schließt ihr die Augen und seid eine Minute ganz leise (Zeit nach Bedarf variieren).
- Achtet dann auf alle Geräusche, die ihr hört.
- Merkt euch die Geräusche. Wenn genau eine Minute vorbei ist, sage ich euch Bescheid.
- Schreibt anschließend alles auf, was ihr gehört habt.
- Nun geht es los ...

Variante: Geräusche auf je einem Zettel notieren und in einen Kasten werfen. Damit kann dann sehr unterschiedlich weitergearbeitet werden.

Meinen Stein erkennen

Die Schülerinnen und Schüler sitzen im Kreis und suchen sich aus einem großen Korb ihren persönlichen Stein heraus: Sie betrachten ihn genau und tasten ihn ab: „Was ist das Besondere an meinem Stein? Warum habe ich ihn ausgesucht? Was kann ich fühlen? Werde ich ihn unter vielen wiedererkennen?" Dann legen alle ihren Stein zurück.

Die Lehrperson gibt nun jedem Kind einen Stein, das diesen an den nächsten Nachbarn weitergibt etc. Die Steine wandern so lange umher, bis jedes Kind seinen eigenen Stein wiedererhalten hat.

Erweiterung: Diese Übung kann auch mit geschlossenen Augen durchgeführt werden.

Variation: Statt Steine lassen sich auch Zitronen, Mandarinen etc. verwenden (Idee nach Fiebig/Winterberg 1998, S. 84).

Mit Vorstellungsbildern arbeiten

Vorstellungsbilder helfen durch konkretes Veranschaulichen, ein bestimmtes Verhalten zu zeigen. Das Vorstellungsbild hilft nach einer gewissen Zeit auch beim Erinnern an das gewünschte Verhalten.

Der stille Stein

Die Steine aus der oben genannten Übung können mit einem Goldstift mit Zeichen versehen werden, die jeweils einen bestimmten Ruhe- und Konzentrationsvorsatz symbolisieren. Die Steine werden in einen Beutel gefüllt und die Vorsätze als Plakat in der Klasse aufgehängt. Jedes Kind sucht sich nun einen Stein heraus und bemüht sich besonders stark, den jeweiligen Vorsatz zu beachten. Diese Übung kann immer dann eingesetzt werden, wenn die Unruhe allgemein sehr groß wird und für eine bestimmte, klar festgelegte (und realistische) Zeitspanne noch einmal Ruhe und Konzentration hergestellt werden sollen.

Was ich mir vornehme

Ich arbeite möglichst leise.   ≈

Ich melde mich und warte, bis ich aufgerufen werde.   ▽

Ich beende eine Arbeit möglichst sorgfältig.   ⌘

Ich bleibe an meinem Platz sitzen.   ◇

Im Schneckenhaus

Ab und zu gehen die Kinder in das Schneckenhaus. Dies kann ein Raum innerhalb der Schule sein, der als Raum der Ruhe und der Sinnlichkeit ungefähr so gestaltet ist: Weiches Licht fällt durch die Fenster, die auf halber Höhe mit orangefarbenem Transparentpapier abgeklebt sind, es gibt abgeschirmte Nischen und Polster zum Sitzen, einige wenige Plakate an den Wänden laden das Auge zum Verweilen ein: ein Wasserfall, ein Waldstück, durch das Licht fällt etc. Es gibt Bücher zum Blättern und Lesen, Gegenstände zum Riechen (z. B. Duftdöschen), weiche Stifte zum Malen. Lassen Sie Ihrer Fantasie und Kreativität freien Lauf und beziehen Sie auch die Ideen der Kinder mit ein, aber überfrachten Sie den Raum nicht. Variieren Sie lieber öfter mal, anstatt zu viel hineinzupacken.

Das „Schneckenhaus" kann auch eine gestaltete Phase innerhalb der Klasse sein: Licht aus, Duftkerze, leise Musik, jeder ist für sich, ist bei sich …

Im Schneckenhaus gelten Absprachen:
• Freundlich und friedlich
• Langsam und leise
Achtung: Das Vorstellungsbild vom Schneckenhaus sollte nicht überstrapaziert werden, da sonst Sättigungseffekte entstehen.

9.8   Individuelle Regeln erstellen

Der Ich-helfe-mir-selbst-Bogen	**Der Wir-helfen-uns-Bogen**
Liebe _____! Schreibe oder male auf, was Dir einfällt: 👍 Das kann ich schon gut: 😊 Das muss ich noch üben:	 👍 Was _____ schon gut kann: 😊 Was _____ noch üben muss:

9.9   Miteinander umgehen – spielerisch üben

> „Gefühle ausdrücken heißt nicht Gefühle ‚loswerden'. Gefühle kann man nicht ‚rauslassen' wie Wasserdampf aus einem Ventil, und sie entschweben nicht durch die Lüfte. Auch wenn man sie ‚äußert', sie bleiben ‚in uns drin'. Dort aber können sie sich verändern (...)" (NOL-TING 2000, S. 216).
>
> „Aggressionsverminderung durch ‚Korrigieren' ist weit schwerer als Aggressionsverminderung durch Vorbeugen" (ebd., S. 323).

Bei den Spielen ist es notwendig, den Kindern zu verdeutlichen, warum sie dies spielen, d. h. die *prinzipielle Zieltransparenz* muss gegeben sein, damit eine *ertragreiche Reflexion* möglich wird.

Das widerspricht zunächst einem wesentlichen Kriterium von Spiel, nämlich der Zweckfreiheit, dient aber dem beabsichtigten und bewussten „Bearbeiten" der Intention. Natürlich kann (und soll) man alle Spiele auch „einfach so" spielen. Nicht immer ist es im Gefüge der Klasse günstig, etwas zu verbalisieren. Es obliegt also der pädagogischen Empathie, den richtigen Zeitpunkt auszuwählen. Eine grundlegende Zielbeschreibung findet sich in dem Text über die Spiele. Sie muss in Wortwahl und Ausdruck dem Alter und der Entwicklung der Kinder angepasst werden.

Distanz und Nähe: Grenzen setzen und spüren

Es gibt kritische Individualdistanzen, die beachtet werden wollen. Eine Armlänge entfernt ist die Distanz, die von den meisten Menschen bei Fremden als angenehm empfunden wird.

Wie viel Nähe, wie viel Distanz brauche ich?

* 1 und 2 stehen sich gegenüber; 2 geht wortlos auf 1 zu; 2 erspürt, wie nahe sie/er kommen darf; 1 sagt „Stopp", wenn es ihr/ihm nah genug ist.
* 1 und 2 stehen sich gegenüber; 1 und 2 gehen aufeinander zu und nehmen Positionen ein, die ihnen angenehm sind; Zeit dabei lassen!

Was ist gemeint? Gefühle sehen, erkennen und ausdrücken

Mit Mimik, Gestik und Körperhaltung sagt mir mein Gegenüber etwas und ich sage meinem Gegenüber etwas (gewollt oder ungewollt, wahr oder gespielt). Die soziale Wahrnehmung wird geschult.

* 1 und 2 stehen sich gegenüber und drücken folgende Gefühle körperlich (wortlos) aus. Dabei beobachten sie sich gegenseitig.
* Mir geht es gut.
* Mir geht es schlecht.
* Ich will nichts mit dir zu tun haben.
* Ich finde dich nett und möchte dich kennenlernen.
* Ich könnte vor Wut „in die Luft gehen".
* Ich könnte vor Freude „in die Luft gehen".
* Ich fresse Frust in mich „hinein".
* Ich habe Angst vor jemandem.
* Ich bedrohe jemanden.
* Ich fühle mich supercool.

Mies drauf sein erwünscht: Umgang mit Wut

Innerhalb strukturierter Übungen kann aggressives Verhalten erfahren werden. Die Kinder können „arrangiert" aggressiv sein und sich und andere dabei beobachten. Auch spielt die soziale Wahrnehmung eine Rolle.

Bist du dem Wüterich begegnet?

Alle Kinder stehen im Kreis, eines geht in der Mitte umher. Plötzlich bleibt es vor einem Kind stehen und fragt: „Bist du dem Wüterich begegnet?" Das

Kind antwortet: „Ja." Darauf das Kind in der Mitte: „Was hat er heute getan?" Das Kind im Kreis nennt eine wütende Handlung. Das Kind im Kreis macht dies vor und alle Kinder machen mit. Nach Beendigung der Aktion tauschen beide Kinder die Position und das Spiel geht weiter.

Tierisch wütend
Alle Kinder verwandeln sich auf ein Zeichen hin in wütende Tiere und verhalten sich so. Sie bedrohen sich auch gegenseitig, greifen aber nicht an. Auf ein weiteres Zeichen hin verwandeln sich alle wieder in ganz liebe Artgenossen und gehen friedlich umher.

Druck machen: Mal stark, mal schwach

Diese Spiele aus dem weiten Bereich des „Ringen und Raufens" bedienen das Grundbedürfnis des Menschen nach Auseinandersetzung mit einem Gegenüber. Sie üben das „Miteinander-Messen", das Durchsetzen und die Konfrontation. Ganz wichtig sind hier klare Regeln und ein sorgsames Beobachten durch die Lehrerin. Da intensiver Körperkontakt gegeben ist, sollte klug bedacht werden, wann und mit wem (gleichgeschlechtliche Gruppen?) dies initiiert wird.
* Die Kinder stehen sich in zwei Reihen gegenüber und messen mit unterschiedlichen Aufgaben ihre Kräfte. Nach jeder Aufgabe gehen sie eines weiter nach links (oder rechts), sodass unterschiedliche Konstellationen entstehen. Immer: WEHTUN VERBOTEN!
* Die Kinder stehen einander gegenüber und berühren sich nur mit den Handflächen der ausgestreckten Hände. Durch Gegendruck versuchen sie, sich aus dem Gleichgewicht zu bringen.
* Die Kinder erheben die Arme, geben sich die Hände und verschränken die Finger. Dann versuchen sie, sich gegenseitig wegzudrücken. Die Arme müssen stets erhoben sein.
* Die Kinder stehen Rücken an Rücken und drücken den anderen nur durch Bewegungen des Rumpfes weg.
* Jeder überlegt sich ein moderates Schimpfwort für den anderen, schreibt es auf einen Zettel und lässt diesen von der Lehrerin auf seinem Rücken festkleben. Mit Gerangel versuchen nun beide, zu lesen, was der andere geschrieben hat, ohne dass der Gegner ihm dabei auf den Rücken sehen kann.
* Die Kinder legen ein Zeitungsblatt zwischen sich auf den Boden und fassen sich an den Händen. Nun versuchen sie sich gegenseitig ins „Fettnäpfchen" zu ziehen.

- Löffelduell: Jedes Kind hält in jeder Hand einen Löffel, auf einem davon liegt ein kleiner Gegenstand. Beide beginnen mit den leeren Löffeln zu „fechten". Sie dürfen nur die Löffel, nicht das andere Kind berühren und der Gegenstand darf nicht vom anderen Löffel fallen.

Wir gegen euch – gemeinsam sind wir stark

Der Aufbau von Bindungen innerhalb der Gruppe ist ein wichtiger Aspekt der Aggressionsverminderung. In Gruppen gemeinsam gegen andere Gruppen zu agieren fördert also die Kooperation und die Konfrontation – hier nicht als Individuum, sondern im Verbund.
- Die Kinder teilen sich in zwei Gruppen. Eine Gruppe baut mit ihren Körpern eine „Burg", die andere muss erobern.
- Die Kinder stehen sich rückwärts in zwei Reihen gegenüber. Jede Reihe ist an den Armen eingehängt. Nun versuchen sie, sich gegenseitig wegzudrücken, ohne die Reihe auseinanderzureißen.

Alle gemeinsam – miteinander Spaß haben

In der Klasse kooperieren heißt, mit allen auskommen. Das muss gelernt, geübt und gepflegt werden (denken Sie an Ihr Kollegium)! Zusammen Spaß haben ist ein guter Beginn:

Stille Post per Rücken
Die Kinder stehen alle in einer Reihe hintereinander. Das hinterste Kind malt ein Zeichen, Symbol, Bild auf ein Blatt und gibt es der Lehrerin. Nun wiederholt es die Zeichnung auf dem Rücken des Vordermanns, dieser gibt sie weiter. Das vorderste Kind malt das „Angekommene" auf die Rückseite des Blattes. Nun kann verglichen werden, was herausgekommen ist.

Japanisch knobeln – Knobeln mit dem ganzen Körper!
Symbole:
> *der Samurai:* Ausfallschritt nach vorn, Stich mit Schwert, lautes „HA!"
> *der Löwe:* Drohen mit Tatzen, lautes Knurren
> *das Mütterlein:* gebeugter Rücken, Stock zittert in Hand, lautes „BUH!"

Regeln: Samurai besiegt Löwen, Löwe frisst Mütterlein, Mütterlein beherrscht ihren Sohn, den Samurai.
Durchführung: Alle Positionen einmal durchüben. Die Kinder spielen zunächst zu zweit, dann in zwei Gruppen. Macht umso mehr Spaß, je besser es eingeführt ist.

Nachtrag

Das Gedicht fasst die Grundgedanken dieses Buches für die Lehrpersonen, aber auch die Kinder zusammen: Um mit Störungen umgehen zu können, brauche ich Verstand und Handwerkszeug, Intuition und pädagogisches Geschick und den Zugang zu den eigenen Gefühlen.

DER KOPF DER BAUCH DAS HERZ
Jeder Mensch hat einen Kopf.
Jeder Mensch hat einen Bauch.

Jeder Mensch hat ein Herz.
Im Kopf sind die Gedanken.
Gute und schlechte Gedanken.
Im Kopf sind Ideen. Gute Ideen.
Und auch schlechte Ideen …
Im Kopf sind Bilder. Und Namen und Geschichten.

Im Kopf ist viel los.
Im Bauch ist auch viel los.
Er freut sich über gutes Essen.
Er gluckert bei prickelnden Getränken.
Er knurrt vor Hunger – grrr.
Und der Bauch tut weh, wenn das große Durcheinander kommt:

Kirschen und Limo und saure Bonbons.
Dann gibt es noch das Herz.
Das Herz ist wichtig! Sehr wichtig …
Es pumpt Blut durch den Körper.
Es schlägt und schlägt und macht die ganze Arbeit.

Wenn das Herz kräftig schlägt, ist alles okay.
Also: Kopf: Gedanken
Bauch: Essen und Trinken

Herz: ganze Arbeit
Aber wo sind die Gefühle?
Wo sind Freude und Trauer und Wut?
Und wo sind Angst und Enttäuschung und Zufriedenheit?
Wo ist der Schmerz?
Wo ist das Glück?
Im Kopf? Im Bauch? Im Herz? In mir!

Literatur

BEGEMANN, E.: (2000): Lernen verstehen. Verstehen lernen. Frankfurt am Main: Peter Lang

BERGSSON M./LUCKFIEL, H. (2001): Umgang mit „schwierigen" Kindern. Berlin: Cornelsen Scriptor

BRAND, I. (1992): Förderung integrationsgestörter Kinder im Schulunterricht. In: DOERING, W. u. W. (Hg.): Sensorische Integration. Dortmund: Borgmann

COHN, R. C. (1997): Von der Psychoanalyse zur themenzentrierten Interaktion. Stuttgart: Klett Cotta

DULABAUM, N. (2001): Mediation: Das ABC. Die Kunst in Konflikten erfolgreich zu vermitteln. Weinheim und Basel: Beltz

EIKENBUSCH, G. (1998): Praxishandbuch Schulentwicklung. Berlin: Cornelsen Scriptor

EVERETT, SH./STEINDORF, L. C. (2004): Frieden lernen. Das Praxishandbuch für ein positives Schulklima. Berlin: Cornelsen Scriptor

FIEBIG, H./WINTERBERG, F. (1998): Wir werden eine Klassengemeinschaft. Mülheim: Verlag an der Ruhr

KÖCKENBERGER, H. (2001): Hyperaktiv mit Leib und Seele. Mit neuen Perspektiven verstehen, bewegen und entspannen. Dortmund: Borgmann

KROWATSCHEK, D./KROWATSCHEK, G. (2002): Das ADS-Trainingsbuch. Band 1: Methoden, Strategien und Materialien für den Einsatz in der Schule. Lichtenau: AOL

KROWATSCHEK, D./KROWATSCHEK, G. (2002): Soziales Lernen mit ADS-Kindern. Das ADS-Trainingsbuch Band 2. Lichtenau: AOL

LIEBERTZ, CH. (2002): Das Schatzbuch des ganzheitlichen Lernens. München: Don Bosco/Spectra

LUCKFIEL, H./BRAUN, D. (2004): Förderdiagnostik: Wahrnehmung, Motorik, Verhalten. In: CHRISTIANI, R. (Hg.): Schuleingangsphase neu gestalten. Berlin: Cornelsen Scriptor, S. 72 f.

NOLTING, H.-P. (2000): Lernfall Aggression. Wie sie entsteht und wie sie zu verhindern ist. Reinbek: Rowohlt Taschenbuch-Verlag

OELSNER, W./LEHMKUHL, G. (2004): Schulangst erfolgreich begegnen. München: dtv

PETERMANN, F./JUGERT, G./REHDER, A./TÄNZER, U./VERBEEK, D. (1999): Sozialtraining in der Schule. Weinheim: Beltz

PETERMANN, F./PETERMANN, U. (2005): Training mit aggressiven Kindern. Weinheim: Beltz

PALMOWSKI, W. (1996): Anders Handeln. Lehrerverhalten in Konfliktsituationen. Dortmund: Borgmann

SCHULZ VON THUN, F. (2000[36]): Miteinander Reden. Störungen und Klärungen. Bd. 1. Reinbek: Rowohlt Taschenbuch-Verlag

STANFORD, G. (2002[7]): Gruppenentwicklung im Klassenraum und anderswo. Aachen-Hahn: Hahner Verlagsgesellschaft

VOSS, R./WIRTZ, R. (2000): Keine Pillen für den Zappelphilipp. Alternativen im Umgang mit unruhigen Kindern. Reinbek: Rowohlt Taschenbuch-Verlag

WHITEHOUESE, É./PUDNEY W. (2002): Wut: Ein Vulkan in meinem Bauch. Berlin: Cornelsen Scriptor